Nordische Wesen

Für Johan und Stefan, die damals so einen guten Job für mich hatten.
Und für John Bauer, aus Gründen, die keiner Erklärung bedürfen.

NORDISCHE WESEN

ZUSAMMENGETRAGEN ✶ AUFGEZEICHNET ✶ ILLUSTRIERT
VON

JOHAN EGERKRANS

Aus dem Schwedischen von Maike Dörries

WooW
BOOKS

»MIR WAR, ALS SÄHE ICH BÖSE AUGEN
IM DICHTEN GEWIRR DES UNTERHOLZES
UND HÖRTE HIE UND DA HINTER MEINEM RÜCKEN
ARGLISTIG SCHLEICHENDE SCHRITTE.«

Aus: *Im Wald* von Gustav Fröding

INHALTSVERZEICHNIS

Einleitung 8

NATURWESEN 21

Elfe 22

Eschenfrau 28

Grubengeist 30

Haus- und Hofwichtel 32

Meerjungfrau 36

Riese 40

Mühlenkobold 42

Quellnymphe 44

Waldgeist 46

Klabautermann 50

Nixe 52

Nöck 54

Bachpferd 58

Troll 60

Vitte 66

Vätte 70

HELFERGEISTER 77

Spiritus 78

Milch-Hase 80

GESTALTWANDLER 83

Mahr 84

Werwolf 86

TOTENWESEN 89

Feuermännchen 90

Draug 92

Wiedergänger 94

Myling 98

Nachtrabe 102

UNGEHEUER 105

Riesenkrake 106

Grollborste 108

Drache 110

Kirchen-Grim 116

Seeungeheuer 118

Lindwurm 120

Nachwort 125

Literaturliste 126

Einleitung

Schon seit jeher und überall auf der Welt sind wir Menschen davon überzeugt, zusammen mit den Tieren nicht die einzigen Wesen auf der Erde zu sein. Wir glauben, dass außer uns noch andere Wesen existieren, die sich – trotz eventueller äußerlicher Ähnlichkeiten – allerdings grundlegend von uns unterscheiden. Diese Wesen sind weder menschlich noch göttlich, sondern irgendetwas dazwischen. Sie haben unzählige Namen und nehmen vielerlei Gestalt an.

Wir können die Wesen nur sehen, wenn sie sich uns freiwillig zeigen. Und das tun sie immer wieder, zu allen möglichen Gelegenheiten. Wer hat beispielsweise beim Betreten eines dunklen Waldes nicht schon einmal das Gefühl gehabt, aus dem Verborgenen beobachtet zu werden? Oder wenn eine Person auf rätselhafte Weise verschwindet, Milch über Nacht sauer wird, auf dem Dachboden unheimliche Geräusche ertönen oder ein Kind wie aus dem Nichts von einer unerklärlichen Krankheit befallen wird … All das sind Zeichen für die Gegenwart übernatürlicher Wesen. Sie verkörpern die Natur in ihrer Launenhaftigkeit und sind buchstäblich eins mit ihr.

In früheren Zeiten wurden sie als selbstverständlicher Teil der Welt akzeptiert und als Mahnung an den Menschen, respektvoll mit der Natur umzugehen.

Die andere Welt

Die Wesen leben mitten unter uns und zugleich in einem eigenen, abgeschiedenen Reich. Man nennt sie häufig die *Unterirdischen,* denn sie wohnen zum Teil unter der Erde – unter Steinen, Baumwurzeln, Häusern oder Bergen. Gerne auch in alten Grabhügeln. Ihre Behausung liegt in der anderen Welt, der *Unterwelt*, einem Schattenreich jenseits der menschlichen Lebenswelt.

Zeit und Raum funktionieren dort anders als bei uns. Etwas scheinbar Kleines kann riesig sein, ein Augenblick kann jahrelang währen. Menschen, die im Reich des sogenannten *kleinen Volkes* waren, berichten von gewaltigen Sälen, deren Eingang sich zum Beispiel unter einem Stein in einem winzigen Garten befinden kann, in dem eigentlich nicht einmal ein Erdkeller Platz hätte. Es gibt Geschichten von nächtlichen Wanderern, die von Elfen zum Tanz verführt wurden und beim Erwachen feststellen mussten, dass statt einer durchtanzten Nacht ein halbes Jahrhundert vergangen war.

Aus dem antiken Griechenland stammt die Vorstellung der *anima mundi*, der Weltseele, ein Ort, an dem kosmische und irdische Welt zusammentreffen. Dieser Ort ist bevölkert von Geisterwesen, *Daimones* genannt. Aus diesem Begriff hat sich später auch das Wort *Dämon* entwickelt. Zu den Daimones zählen Nymphen, Dryaden, Satyre und andere Luft- und Naturgeister.

In Großbritannien steht der Begriff *Faerie* für einen Ort und ist zugleich ein Sammelbegriff für die dort vorkommenden Elfenvölker.

Es gibt die Wesen auf der ganzen Welt, aber die Variantenvielfalt ist groß. In Europa und auf den britischen Inseln dominieren die Elfen, und sie tragen viele verschiedene Namen: In England heißen sie *Fairies*, in Irland *Daoine Sidhe*, *Tylwyth Teg* nennt man sie in Wales, *Fées* in Frankreich, *Fada* in Spanien und so weiter. In den slawischen Ländern dominieren verschiedene Nymphenwesen, die Macht über die Natur haben, wie etwa die *Wila* und die *Rusalka*. Daneben gibt es andere Wesen, zum Beispiel Vampire und *Domovoi*, die an unsere Wichtel oder Hausgeister erinnern. In Malaysia findet man die *Bediari*, die große Ähnlichkeit mit den europäischen Elfen haben, und die *Orang Bunian*, die eher unseren Trollen ähneln. In Japan sind die *Mononoke* heimisch, die in vielerlei Gestalt auftreten – vom bösartigen Dämon Oni bis hin zu Tiergeistern, von Drachen bis hin zu anderen Monstern. Die Liste könnte unendlich weitergeführt werden.

Auch im Norden gibt es lokale Unterschiede. Süd- und Mittelschweden sind die Domäne des Trolls, in den nörd-

Manche Naturwesen können dem Menschen gefährlich werden, und die sicherste Art, sich zu schützen, ist, den Umgang mit ihnen so weit wie möglich zu vermeiden.

lichen Landesteilen besteht die größte Chance – oder je nach Perspektive das größte Risiko –, auf *Vitter*, kleine Erdwichtel, zu stoßen. In Dänemark leben die *Elfen* in Hügeln, und in Norwegen trifft man eher *Hulder* an. Manche Wesen sind sehr eng mit den lokalen Sitten und Gebräuchen verknüpft, eins der besten Beispiele dafür sind die finnischen Sauna-Wichtel, *Saunatonttu* genannt, deren Aufgabe darin besteht, für Ordnung in der Sauna zu sorgen und achtzugeben, dass sich dort niemand danebenbenimmt.

Die Natur der Unsichtbaren

Zu den nordischen Wesen zählen unter anderem die *Naturwesen*. Genau wie die Natur selbst sind sie nicht grundsätzlich gut oder böse, sondern oft einfach launisch. Und sie haben, wenn überhaupt, andere moralische Regeln als wir Menschen. In einem Moment geben sie sich freundlich und großzügig, um sich nur einen Augenblick später bösartig und rachsüchtig aufzuführen. Sie sind stolz und empfindlich und vergessen so schnell keine Kränkung. In ihrer Wildheit und Anarchie ähneln sie in vielerlei Hinsicht eher Kindern als den durch die Zivilisation geformten erwachsenen Menschen. Sie tun schlicht und ergreifend, was ihnen in den Sinn kommt. Es ist grundsätzlich ratsam, Trollen oder Elfen freundlich zu begegnen, aber niemals etwas von ihnen anzunehmen. Ansonsten besteht die Gefahr, in ihre Gewalt zu geraten.

Entsprechend den Naturkräften, die sie repräsentieren, nehmen die Wesen im gleichen Maße, wie sie geben. Wasser kann lebensspendend sein, aber auch zu einer Todesfalle werden. Und ein Wassergeist kann Fangglück bescheren, den unvorsichtigen Fischer jedoch in der nächsten Sekunde in die Tiefe ziehen.

Wald- und Wassergeister haben außerdem die Angewohnheit, sich in Menschen zu verlieben, und scheuen dann keine Mittel und Wege, diese in ihr Reich zu locken. Eine Erklärung für die Schwärmerei mancher Naturwesen für den Menschen ist sicherlich, dass sie selber keine Seele besitzen – denn die einzige Möglichkeit, eine solche zu bekommen, ist die Vermählung mit einem Menschen. Manche Naturwesen können dem Menschen gefährlich werden, und die sicherste Art, sich zu schützen, ist, den Umgang mit ihnen so weit wie möglich zu vermeiden.

Nach der Christianisierung des Nordens waren diese Kreaturen kein Teil der christlichen Gemeinschaft mehr. Magie und Hexerei wurden von der Kirche verboten, und auch die Beschäftigung mit den Hausgöttern der alten Zeiten galt als eine Sünde gegen den Allmächtigen. Aus dem Blickwinkel der Kirche gehörten Trolle und andere heidnische Geisterwesen zum Gefolge des Teufels, und wer sich mit ihnen abgab, riskierte, in der Hölle zu enden. Es kam beispielsweise immer wieder vor, dass Männer, die verdächtigt wurden, sich mit einem Waldgeist eingelassen zu haben, zum Tode verurteilt und hingerichtet wurden.

Manche Wesen verzehren sich nach der Seligkeit, die ihnen verwehrt ist.
So auch in der Sage von dem Mann, der auf dem Heimweg an einem Fluss vorbeireitet, an dessen Ufer der Nöck sitzt und zum Spiel seiner Flöte singt:

»Am Jüngsten Tag, am Jüngsten Tag,
da wird mir Gottes Gnad zuteil.
Am Jüngsten Tag, am Jüngsten Tag,
da wird mir Gottes Gnad zuteil.«

Der Mann rief dem Nöck zu: »Du bist ein Geisterwesen und kannst niemals selig werden. Dass du ins Himmelreich kommst, ist genauso unmöglich, wie dass die Reitgerte in meiner Hand grüne Blätter austreibt.«
Als der Nöck das hörte, ließ er seine Fiedel sinken und verschwand bitter weinend im Fluss. Der Mann aber ritt weiter, und nach einem kurzen Stück Weges sprossen grüne Knospen aus seiner Gerte.

AUSSEHEN

Eine eindeutige Beschreibung der Naturwesen ist schwierig, da selbst die Vertreter einer Art von unterschiedlichen Erzählern oder in unterschiedlichen Gegenden der Welt ganz anders dargestellt werden. Obendrein ändern viele dieser Wesen ihre äußere Gestalt, wie es ihnen gerade passt – ähnlich wie die Natur, die sich in permanentem Wandel befindet. Ein und dasselbe Wesen zeigt sich an einem Tag als Wichtel und bei der nächsten Begegnung als Katze oder Kröte. Die Wesen können in eleganten, prachtvollen Kleidern auftreten, glanzvoller als die reichsten Edelleute, aber ebenso gut mit der Natur verschmelzen, die Form eines verwitterten Baumstumpfes annehmen oder des Wurzelballens eines umgestürzten Baumes. Am häufigsten treten sie jedoch in menschenähnlicher Gestalt auf, und dann sehen sie aus wie ganz gewöhnliche Leute.

Die Größe variiert nicht nur zwischen den unterschiedlichen Naturwesensarten – selbstverständlich ist ein Riese größer als eine Elfe –, sondern auch bei miteinander verwandten Wesen. Manchmal sind Elfen winzig wie Mücken, dann wieder so groß wie kleine Kinder, und am häufigsten irgendetwas dazwischen. Genauso überragen Riesen uns Menschen in manchen Geschichten kaum, aber in anderen Erzählungen wachsen sie in den Himmel wie ein Berg.

Wie die Bezeichnung *die Unsichtbaren* bereits andeutet, sind die Naturwesen meistens nicht sichtbar. Die wenigen einigermaßen formstabilen Wesen können sich mithilfe von Magie und Hexerei vor uns verbergen. In vielen Sagen tragen sie verzauberte Hüte, Mützen oder Umhänge, mithilfe derer sie sich tarnen. Nur an einem Sonntag Geborene, sogenannte Sonntagskinder, können die Wesen sehen. Es gibt allerdings auch ein paar Tricks für gewöhnliche Menschen. Wer sich die Augen mit einer Zaubersalbe der Wesen einreibt, kann sie ebenfalls sehen. Gleiches gilt für Menschen, die in den Besitz einer verzauberten Unsichtbarkeitskappe gekommen sind.

URSPRUNG

Es gibt diverse Erklärungen für den Ursprung der Naturwesen. Die einen glauben, es handele sich um alte Halbgötter, die seit vorheidnischer Zeit über Berge und Seen regieren. Früher wurden sie von den Menschen verehrt, später vom Christentum verdrängt. Aber sie sind nicht gänzlich verschwunden, fristen ein kümmerliches Dasein mit stetig schrumpfender Macht. Das könnte ein Grund für die Feindseligkeit sein, die sie hin und wieder den Menschen gegenüber an den Tag legen.

Andere Ursprungsmythen entstammen der Bibel. Manche mittelalterliche Sage berichtet von Adams erster Frau, die er noch vor Eva hatte. Sie hieß Lilith und war wie die Tiere dazu verdammt, jedes Jahr Kinder zu gebären. Weil sie aber ein recht kämpferisches und freiheitsliebendes Gemüt hatte, sah Gott in ihr nicht die geeignete Frau für Adam und schuf stattdessen Eva aus seiner Rippe. Lilith und ihre Nachkommen verbannte er unter die Erde und in die tiefen Wälder. Es heißt, danach habe Gott Mitleid mit Lilith bekommen und ihr deswegen einen Mann an die Seite gestellt, Alför, mit dem sie Trolle, Kobolde und andere Naturwesen gezeugt hat.

Eine weitere biblische Geschichte erzählt davon, wie Eva eines Tages ihre Kinder im Fluss wusch, als Gottvater einen Spaziergang durch seine Schöpfung machte und sie bat, ihm ihre Kinder vorzustellen. Eva zeigte dem Herrn nur die Kinder, die sie bereits gewaschen hatte, und versteckte die noch schmutzigen hinter ihrem Rücken. Gott ließ sich aber nicht an der Nase herumführen. »Was der Mensch vor Gott verbirgt, soll auch dem Menschen verborgen bleiben«, verkündete er. Die gewaschenen Kinder wurden die Vorfahren der Menschen, während die schmutzigen Kinder zu den Unsichtbaren wurden. In den mittelalterlichen Geschichten ist Gott nicht immer gerecht.

Eine dritte biblische Legende handelt von Luzifer, dem Engel, der zum Teufel wurde. Als Gott die Welt erschuf, rief er nicht nur Menschen und Tiere, sondern auch eine Menge Geister und Engel ins Leben. Der mächtigste, weiseste und schönste Engel war Luzifer – der Lichtbringer. Luzifer fuchste es maßlos, dass der Schöpfer den Menschen in so großer Liebe zugetan war. Eines Tages lehnte er sich, unterstützt von einer großen Schar Engel, gegen Gott auf, und ein Krieg brach aus. Am Ende warf Gott Luzifer und seine Anhänger aus dem Himmel. Die gefallenen Engel landeten in der Hölle und wurden Teufel und Dämonen. In dem großen Durcheinander wurden auch ein paar andere Geister mit in die Tiefe gerissen, die gar nichts mit dem Aufstand zu tun hatten. Da Gott die Pforten zum Paradies geschlossen hatte, konnten sie nicht in den Himmel zurückkehren, aber in die Hölle gehörten sie auch nicht. So verteilten sie sich auf der Erde und siedelten sich in den Bergen, Wäldern und am Wasser an und wurden zu deren Wächtern.

Die altnordische Mythologie erzählt von Lichtalben und Schwarzalben, übernatürlichen Wesen, die, obgleich sie keine Götter sind, Macht über die Elemente haben. Lichtalben sind wunderschöne Wesen und gehören zum Fruchtbarkeitsgott Frey, mit dem sie in *Alfheim* leben, einer der neun Welten, die vom Weltenbaum *Yggdrasil* getragen werden. Die Schwarzalben hingegen sind hässliche Zwerge, die im finsteren *Svartalfheim* zu Hause sind. Sie sind sehr geschickte Schmiede, die viele der magischen Waffen und Gegenstände der Götter geschmiedet haben, wie zum Beispiel Thors Hammer *Mjölnir*.

SCHUTZ

Stahl ist der gewöhnlichste Schutz gegen Trolle und andere übernatürliche Bedrohungen – sie vertragen die Nähe einfach nicht. Es brennt wie Feuer, wenn sie mit Stahl in Berührung kommen, und ihre Zauberkraft wird gebrochen.

Am wirkungsvollsten ist Messerstahl, was praktisch ist, da viele Menschen Taschenmesser bei sich tragen. Will man baden, ist die sicherste Methode, um den Nöck zu bannen, am Ufer ein Messer in die Erde zu stecken. Das schützt einen davor, in die Tiefe gezogen zu werden.

Scheren bieten doppelten Schutz, da sie zum einen aus Messerstahl sind und zum anderen geöffnet ein Kreuz bilden. Eine Schere in der Wiege schützt neugeborene Kinder davor, von Trollen geraubt oder von Elfen gepiesakt zu werden. Genauso hält eine Schere im Sarg – am besten auf der Brust – den Verstorbenen davon ab, als Wiedergänger zu spuken.

Eine Sense über der Stalltür schützt die Tiere vor nächtlichen Besuchen von Trollen oder Mahren. In früheren Zeiten trugen viele Menschen sogenannte *Trollkreuze*, ein gebogenes Stück Eisen, als Amulette um den Hals.

Silber ist auch ein gutes Mittel, um feindlich gesinnte Naturwesen zu besänftigen. Eine Silbermünze in der Hand eines Trolls kann einen davor bewahren, von ihm verzaubert und entführt zu werden. Gibt man einer Meerjungfrau oder Nixe eine Silbermünze, kann man mit einem guten Fang rechnen. In Südschweden wurden früher *Ellakreuze* oder auch *Elfenkreuze* geschmiedet, runde Silberamulette mit einem gleichschenkeligen Kreuz darauf, die vor Elfen und den Krankheiten schützten, die sie einem auf den Leib blasen können. Ein solches Kreuz musste aus Silber geschmiedet werden, das in drei aufeinanderfolgenden Donnerstagsnächten von neun unterschiedlichen Stellen zusammengeklaubt wurde. Einige Wesen, zum Beispiel der Milch-Hase, der zu den Helferwesen zählt, können nur mit Silberkugeln besiegt werden.

In den alten Agrargesellschaften spielte die Religion eine sehr wichtige Rolle. Die Naturwesen gehörten, wie bereits zuvor erläutert, nicht zur christlichen Gemeinschaft und wurden damit dem Bösen zugeordnet, auch wenn nicht ganz klar war, inwiefern. Darum hat alles, was mit der Kirche zu tun hat, eine enorme Macht über die Unsichtbaren. Oblaten, Psalmbücher, Heiligenbildchen, Kirchensilber, das Kreuzzeichen oder das Aussprechen von Jesu oder Gottes Namen kann eine Geisterkreatur abwehren.

So hält etwa ein Kreuz, geschnitzt in eine Türschwelle, ungebetene Gäste ab. Und der Klang von Kirchenglocken ist für Trolle und Riesen unerträglich. Bei Trollentführungen, wie es sie früher gab, half es beispielsweise häufig, eine Kirchenglocke vor dem Berg zu läuten, in dem der Entführte gefangen gehalten wurde. In den meisten Fällen ließen die Trolle das Opfer daraufhin ganz schnell wieder frei. Manchmal reichte es auch, wenn ein Priester sich vor den Berg stellte und betete oder Psalmen aufsagte.

Außerdem haben Trolle und Riesen großen Respekt vor dem Donnergott Thor, der laut der Sage seit heidnischer Vorzeit in seinem Wagen durch die Welt fährt und sie mit seinen Blitzen jagt. Alte Steinäxte, die man immer mal wieder, zum Beispiel beim Pflügen in der Erde, findet, wurden früher auch *Donnerkeile* genannt, weil man glaubte, die würde Thor überall dort hinterlassen, wo er seine Blitze hinschleudert. Diese kraftvollen Amulette meiden Trolle und Riesen wie die Pest.

Abb. 1–2
Trollkreuz aus Eisen

Abb. 3
Ellakreuz

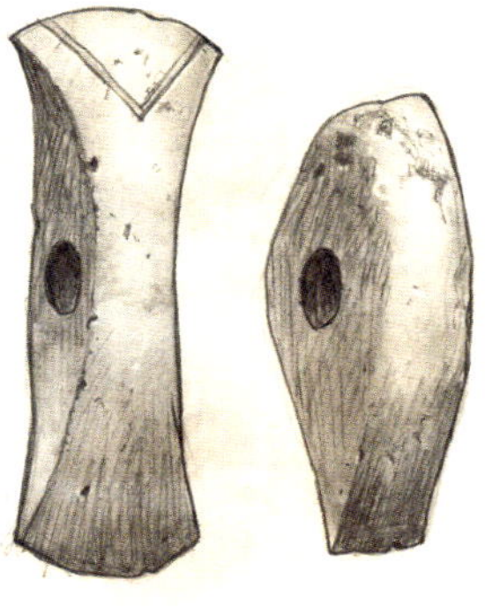

Abb. 4–5
Thors Keile

UNTERSCHIEDLICHE WESEN

Eine Klassifizierung der nordischen Wesen ist, gelinde gesagt, schwierig. Sie lassen sich nicht einfach typisieren, und ihre meist wandelbare Natur vereitelt eigentlich von vornherein alle Vorstöße in diese Richtung.

Manche Wesen können mehreren Gruppen zugeordnet werden. Hier wäre zum Beispiel der Geist des verstorbenen Hofbesitzers zu nennen, der in Gestalt des Hauswichtels auf seinem ursprünglichen Grundstück verbleibt und der theoretisch in zwei verschiedene Gruppen passen würde: Denn während Geister (in der Aufteilung dieses Buches) zu den Totenwesen gehören, zählen die Wichtel zu den Naturwesen. Auch andere Wesen, wie etwa Trolle und Elfen, haben eine Verbindung zu Ahnengeistern, da sie häufig in Grabhügeln und Steingräbern altnordischer Könige hausen. Sie wurden darum früher von den Menschen auch als die Geister heidnischer Häuptlinge angesehen, die zwischen Himmel und Hölle hängen geblieben sind.

Ein vernünftiger Mensch versucht gar nicht erst, die nordischen Wesen zu katalogisieren, zumal es sehr riskant werden kann, wenn die betreffenden Wesen anderer Meinung sind.

Trotzdem sei hier ein Vorschlag für eine grobe Einteilung gemacht:

NATURWESEN mit mehr oder weniger menschlichen Zügen: ***Elfe, Eschenfrau, Grubengeist, Wichtel, Meerjungfrau, Riese, Mühlenkobold, Quellnymphe, Waldgeist, Klabautermann, Nixe und Nöck, Bachpferd, Troll, Vitte und Vätte***

HELFERGEISTER – magische, oft im Pakt mit den Mächten der Finsternis erschaffene Wesen: ***Spiritus, Milch-Hase***

GESTALTWANDLER – Menschen, die ihre Gestalt ändern können: ***Mahr, Werwolf***

TOTENWESEN – Geister verstorbener Menschen: ***Feuermännchen, Draug, Wiedergänger, Myling, Nachtrabe***

UNGEHEUER – übernatürliche Tiere und Bestien: ***Riesenkrake, Grollborste, Drache, Kirchen-Grim, Seeungeheuer, Lindwurm***

NATURWESEN

Naturwesen mit mehr oder weniger menschlichen Zügen, die in der Nähe der von Menschen bewohnten Domänen vorkommen, nennt man auch das *kleine Volk*. Manche dieser Wesen sind Einzelgänger, während andere in großen Familienclans zusammenleben. Ein Teil von ihnen ist überwiegend freundlich, der andere Teil ausgesprochen bösartig, aber eines haben sie alle gemeinsam: Sie sind launisch, unberechenbar und fühlen sich schnell in ihrer Ehre gekränkt. Ihr Humor ist sehr eigenwillig, und sie spielen den Menschen gerne Streiche.

ELFE

ELBE * ALBE * ELFENVOLK

Ein König berät sich mit den Elfenköniginnen des Waldes.
Illustration aus Olaus Magnus'
»Geschichte der nordischen Völker«

Klassischerweise werden Elfen als anmutige, zierliche, schimmernde weibliche Naturgeister mit zarten Flügeln auf dem Rücken dargestellt. Das entspricht aber nur teilweise der Gestalt, in der sie sich dem Menschen zeigen, denn wenn Naturwesen wandelbar sind, so sind es Elfen ganz besonders. Abhängig von ihrer Stimmung, der Jahreszeit, der Umgebung und der Person, der sie sich offenbaren, ändern sie ihr Äußeres. Mal erscheinen sie als weiße Nebelschwaden auf einer taufeuchten Wiese, dann wieder als Frösche oder schwirrende Insekten in der Sommernacht, und hin und wieder sind sie ganz unsichtbar. Kaum jemand weiß, dass es auch männliche Elfen gibt. Das sind meist kleine, betagte Männer, die beim Elfentanz für die Musik sorgen.

Elfen leben in Gemeinschaften in Erdhügeln, auf Wiesen oder in Mooren und werden von einer Elfenkönigin und/oder einem Elfenkönig regiert. Sie lieben große Prozessionen und wandern mit dem Königspaar an der Spitze auf Elfenpfaden, die oft unterirdischen Wasseradern folgen.

Die Stimmen der Elfen klingen wie melodisches Vogelgezwitscher.

Sie lieben große Prozessionen und wandern mit dem Königspaar an der Spitze auf Elfenpfaden, die oft unterirdischen Wasseradern folgen.

Elfen sind launische Wesen. Menschen, gegen die sie wegen einer tatsächlichen oder eingebildeten Kränkung eine Abneigung hegen, bekommen nicht selten aus reiner Bösartigkeit eine Krankheit von ihnen auferlegt. Kleine Kinder sind besonders gefährdet, weil es den Elfen Vergnügen bereitet, ihnen in die zarten Finger zu beißen. Davor kann man die Kinder schützen, indem man Stahl, zum Beispiel eine Schere, in die Wiege legt.

Früher glaubten die Menschen: »Gleich heilt gleich.« Darum versuchten sie, die von einer Elfe auf den Leib geblasene Krankheit mit ähnlichen Mitteln wieder auszutreiben – etwa mit einem Blasebalg. Eine andere Möglichkeit war, sogenannte *Elfenmühlen* oder *Feensteine* mit Fett einzuschmieren und eventuell ein wenig Gold darin zu opfern, das von einem Ring oder etwas Ähnlichem gekratzt wurde. *Elfenmühle* ist die volkstümliche Bezeichnung für schalenförmige Vertiefungen in Steinen. Dabei handelt es sich um einfache Felsritzungen aus dem Altertum, vorwiegend aus der Bronzezeit.

Im Elfenring tanzende Naturwesen. Illustration aus Olaus Magnus' »Geschichte der nordischen Völker«

Die Stimmen der Elfen klingen wie melodisches Vogelgezwitscher. Man sieht Elfen in der Abend- oder Morgendämmerung tanzen. Dies sind die besonders magischen Zeitpunkte des Tages, wenn alle Grenzen verwischen, wenn Hell Dunkel wird und Schwarz Weiß.

Manchmal locken die Elfen vorbeikommende Menschen in ihren Reigen, die daraufhin jedes Gefühl für Zeit und Raum verlieren und am Ende des Tanzes möglicherweise feststellen, dass mehrere Jahre, wenn nicht gar Jahrzehnte vergangen sind. Die Uhr tickt anders in der Welt der Elfen. Auch gibt es Berichte über »verführte« Tänzer, die sehr krank werden oder den Verstand verlieren, weil die Musik der Elfen sich in ihren Ohren festsetzt und sie in den Wahnsinn treibt.

Mitunter kann man Pilze in einem Ring wachsen sehen, das ist ein Zeichen dafür, dass an dieser Stelle Elfen getanzt haben. Darum werden die Ringe auch *Elfenringe* genannt. Wer aus Versehen und unwissend in einen Elfenring pinkelt, muss damit rechnen, noch am selben Tag todkrank zu werden.

ESCHENFRAU

BAUMNYMPHE

Bei der Eschenfrau oder Baumnymphe handelt es sich um ein vorrangig bösartiges weibliches Wesen. Sie lebt, wie der Name schon sagt, in alten Eschen und anderen Bäumen und kann lebensbedrohlich für alle werden, die ihr und der Natur nicht den gebührenden Respekt entgegenbringen. In manchen Gegenden ist der Respekt vor der Eschenfrau so groß, dass man sich nach Einbruch der Dunkelheit nicht mehr in die Nähe hoher Bäume traut.

In der griechischen Mythologie heißt die Eschenfrau Dryade. Sie ist die Seele des Baumes, und ihr Leben ist eng mit dem Schicksal des Baumes verknüpft, in dem sie lebt. Stirbt der Baum, so stirbt auch sie, und umgekehrt.

Bäume, die Naturwesen wie die Eschenfrau beherbergen, werden auch *Freibäume* genannt und dürfen nicht gefällt werden. Wenn man auf die Wurzeln eines Baumes pinkelt, in dem ein Naturwesen haust, muss man damit rechnen, schwer krank zu werden. Das Gleiche gilt für denjenigen, der dem Baum Schaden zufügt, etwa indem er Äste und Zweige abbricht.

Um nicht von der Eschenfrau heimgesucht zu werden, hat man ihr früher an jedem Aschermittwoch, dem Tag nach dem fetten Dienstag, Opfer dargebracht. Vor Sonnenaufgang mussten die Dorfältesten die Wurzeln ihres Baumes mit Wasser begießen und dazu folgenden Satz sagen: »Ich bringe dir jetzt ein Opfer dar, damit du uns keinen Schaden zufügst.«

Eschen zählen neben den Eichen zu den besonders magischen Bäumen. Ihnen werden spezielle Kräfte zugeschrieben, zum Beispiel dass die Rinde der Esche Blutungen stoppen kann und dass ihre Blätter gegen Schlangenbisse helfen. Der Weltenbaum Yggdrasil aus der nordischen Mythologie ist auch eine Esche.

»Ich bringe dir jetzt ein Opfer dar, damit du uns keinen Schaden zufügst.«

Zeigt sie sich in einem schwarzen Kleid, ist das eine sichere Todesbotschaft.

GRUBENGEIST

BERGFRAU * GRUBEN-MAJA

Der Grubengeist wacht über einen Berg und dessen Erzvorkommen und sorgt für Ordnung in den Minen und Erzgruben. Er wird von den Grubenarbeitern gefürchtet und verehrt, da er vor Einstürzen oder anderen Gefahren bei der riskanten Arbeit unter Tage warnen und einige Glückliche unter ihnen zu neuen Erzadern führen kann. Es wurden schon viele Silberadern entdeckt, nachdem der Grubengeist ein passendes Geschenk erhalten hatte – zum Beispiel ein neues Kleid. Der Geist erscheint meist als elegant gekleidete Dame in einem grauen Kleid und wird daher auch Bergfrau genannt.

Mitunter kann die Bergfrau gefährlich werden und den Männern den Blick verzerren, damit sie nicht zur Fundstelle einer neu entdeckten Erzader zurückfinden. Manche Schätze, die der Berg birgt, sieht sie als die ihren an, darum duldet sie in deren Nähe keinen Menschen. Ob sie böse oder wohlgesonnen ist, hängt ganz von ihrer Laune ab und davon, wie gut die Grubenarbeiter sie behandeln. Die Bergfrau bestraft diejenigen, die ihr und dem Berg nicht den gehörigen Respekt erweisen. In einer Mine oder Grube zu schreien, zu pfeifen, Steine zu werfen oder zu fluchen sollte man tunlichst unterlassen, weil das der sicherste Weg ist, die Bergfrau gegen sich aufzubringen.

Die Bergfrau ist sehr schön, aber auch sehr blass. Zeigt sie sich in einem schwarzen Kleid, ist das eine sichere Todesbotschaft. Wenn das in früheren Zeiten geschah, kamen die Arbeiter unruhig vor Ende ihrer Schicht aus der Grube zurück, überzeugt davon, dass demnächst einer oder mehrere von ihnen verunglücken würden.

Wie die meisten Wächterwesen ist die Bergfrau launisch und schnell gekränkt. Aber im Unterschied zu ihren mannstollen Verwandten, den Wald- und Wassergeistern, hat die Bergfrau überhaupt kein Interesse daran, Männer zu verführen. Sie fühlt sich am wohlsten in der Einsamkeit und Stille, in der endlosen Finsternis im Herzen des Berges.

HAUS- UND HOFWICHTEL

TOMTE * HAUSGEIST * KOBOLD * HAUS- ODER HOFWÄCHTER

Dienstgeister, darunter ein Tomte, der einen Stall ausmistet. Illustration aus Olaus Magnus' »Geschichte der nordischen Völker«

Der vielleicht bekannteste aller Wächtergeister ist der Haus- oder Hofwichtel. Er wacht über einen Hof und alle Tiere und Menschen, die dort leben. Höfe, die einen solchen Wichtel beherbergen, können sich glücklich schätzen, da er Wohlstand beschert und immer wieder auch vor bevorstehenden Unglücken warnt.

Der Wichtel – bei dem es sich ausschließlich um männliche Exemplare handelt – zeigt sich meist als betagter alter Mann in grauen, zerschlissenen Kleidern, oft mit einer roten Zipfelmütze oder Kappe auf dem Kopf. Ganz alte Wichtel haben mitunter einen so langen Bart, dass sie ihn sich mehrmals um den Leib winden können. Wichtel nehmen gerne die Gestalt von Tieren an, für gewöhnlich die einer schwarzen Katze oder einer dicken Kröte.

Der Wichtel ist ein notorisch griesgrämiger und nörgeliger Zeitgenosse und am liebsten für sich allein. Er richtet sich normalerweise in der Vorratskammer, unter dem Dach oder im Stall ein und arbeitet gerne nachts, wenn die Menschen ihn nicht stören. Obgleich er grundsätzlich hilfsbereit ist, interessiert er sich mehr für das Wohlergehen der Tiere und den Weiterbestand des Hofes als für die menschlichen Bewohner.

Der Wichtel zeigt sich meist als betagter alter Mann in grauen, zerschlissenen Kleidern, oft mit einer roten Zipfelmütze oder Kappe auf dem Kopf.

Wichtel nehmen gerne die Gestalt
von Tieren an, oft die einer schwarzen
Katze oder einer dicken Kröte.

Die Menschen kommen und gehen, während ein Wichtel bisweilen jahrhundertelang auf einem Hof bleibt. Darum sollte man ihm immer den Respekt erweisen, den er verdient. Er hat häufig sehr eigene Ansichten, wie etwas erledigt werden muss, und zögert nicht, die Hofbewohner zu erziehen und zurechtzuweisen. Wenn früher ein fauler Knecht oder eine Magd bei der Arbeit schlampte oder verschlief, konnte es passieren, dass er oder sie von einer kräftigen Backpfeife aus dem Schlaf gerissen wurde, die aus dem Nichts zu kommen schien.

Trotz seiner geringen Größe ist der Wichtel viel stärker als der Mensch und durchaus in der Lage, einen erwachsenen Mann mit einem Hieb zu erschlagen. Das sollte man immer im Hinterkopf haben, wenn man einem Wichtel begegnet, da sie dafür bekannt sind, sehr aufbrausend und reizbar zu sein. Man sollte dem Wichtel stets eine Schüssel mit Grütze füllen, um ihn bei Laune zu halten. Es existieren Berichte, in denen ein Bauer den Klacks Honig auf der Grütze vergaß, die er dem Wichtel rausgestellt hatte. Daraufhin geriet der Wichtel so in Zorn, dass er schnurstracks in den Stall lief und der besten Milchkuh den Hals umdrehte. In anderen Erzählungen verpasste der Wichtel dem Knecht, der aus Jux und Tollerei seine Notdurft in eine Breischale verrichtet hatte, eine solche Tracht Prügel, dass der Knecht nicht mehr wusste, wo vorne und hinten war.

Es ist zwar wichtig, sich mit dem Hofwichtel gut zu stellen, aber übertriebene Freundlichkeit kann auch nach hinten losgehen. Es gibt Fälle, in denen die Bäuerin sich beim Anblick der zerschlissenen Kleider des Wichtels dachte, ihm mit einer neuen Ausstattung eine Freude zu bereiten. Danach war der Wichtel sich zu fein, seine Kleider mit Landarbeit dreckig zu machen, und verließ den Hof.

Ein deutliches Zeichen dafür, dass ein Wichtel im Haus oder auf dem Hof lebt, ist, wenn eins der Pferde, das Lieblingspferd des Wichtels, besonders gepflegt ist. Manchmal hat das Pferd auch plötzlich verfilzte Strähnen in der Mähne, sogenannte *Trollzöpfe*, die unmöglich wieder aufzulösen sind.

Die Meerjungfrau kann unterschiedliche Gestalten annehmen, zeigt sich in den meisten Fällen aber als unbeschreiblich schöne Frau mit langem, wallendem Haar. Man sieht sie auf hoher See, wenn sie auf einem Stein sitzt und sich kämmt.

MEERJUNGFRAU

MEERNYMPHE * SEEJUNGFRAU * SEEFRAU * SIRENE

Meerjungfrau
Holzschnitt von Johannes von Cubas
»Ortus sanitatis«

Die Meerjungfrau ist eng verwandt mit der Nixe, aber während Letztere über Quellen und Brunnen, Seen und Frischwasserströme wacht, ist der Lebensraum der Meerjungfrau das offene Meer. Sie ist ein mächtiges Wesen und herrscht über das Meer und alle seine Bewohner und den Wind. Seefahrer, die sie zwischen den Wellen entdecken, tun gut daran, ihr eine kleine Opfergabe in Form einer Münze, eines Butterbrotes oder im Winter eines Handschuhs zu geben. Eine solche Gabe vergilt die Meerjungfrau gerne mit der Warnung vor aufziehenden Stürmen, mit günstigem Wind oder so einem großen Fang, dass er sogar das Boot fast zum Kentern bringt.

Die Meerjungfrau kann unterschiedliche Gestalten annehmen, zeigt sich in den meisten Fällen aber als unbeschreiblich schöne Frau mit langem, wallendem Haar. Man sieht sie auf hoher See, wenn sie auf einem Stein sitzt und sich kämmt.

Einige Meerjungfrauen sind von hinten hohl, ähnlich wie die Waldgeister, andere haben fischähnliche Züge – zum Beispiel Kiemen oder einen Fischschwanz anstelle von Beinen. Sie können sich in einen Seehund, eine Möwe oder jedes beliebige andere Meerestier verwandeln.

Es gibt auch einen männlichen Vertreter dieser Art, den Meermann, dessen Beziehung zur Meerjungfrau nicht ganz klar ist. Die einen gehen davon aus, dass die

beiden zusammen eine Familie gründen, während andere behaupten, er wäre ein Einzelgänger wie der Nöck, wenn auch entschieden freundlicher. Der Meermann zeigt sich oft kurz vor einem Unwetter auf den Wellen reitend.

Die Meerjungfrau lebt zusammen mit ihren Kindern und Dienstgeistern auf dem Meeresgrund, in einem beeindruckenden Unterwasserschloss mit gigantischen Sälen, einer prächtiger als der andere. Bei günstigen Wetterbedingungen können Seeleute ihren Palast in der Tiefe glitzern sehen, was der Anlass für Erzählungen von versunkenen Schlössern und Städten ist. Seemänner müssen damit rechnen, von Meerjungfrauen in die Tiefe gelockt zu werden, wo sie dann ohne jede Erinnerung an ihr früheres Leben mit ihnen wohnen.

Es kommt immer wieder vor, dass Fischer in ihrem Netz einen merkwürdigen Fang in Gestalt eines kleinen, menschenähnlichen Wesens an Bord ziehen, vermutlich das Kind einer Meerjungfrau. Manche Fischer haben ein solches Kind schon mit nach Hause genommen und es wie ihr eigenes aufgezogen. Bei Menschen aufgewachsene Meerkinder werden oft geschickte Fischer mit großem Fangglück, und sie besitzen eine geheimnisvolle Verbindung zum Meer, die anderen fehlt. Sie leben wie gewöhnliche Menschen, haben aber stets Sehnsucht nach dem Meer.

Früher oder später kommt der Tag, an dem sie ihren Adoptiveltern verkünden, dass ihre Mutter sie ruft. Dann rudern sie dem Horizont entgegen und verschwinden zwischen den Wellen. Viele Schärengartenbewohner behaupten, sie würden von einem Meerkind abstammen.

Manchmal hält die Meerjungfrau Schiffe auf dem offenen Meer an, um die Schiffsladung zu kaufen. Der Kluge geht besser auf diesen Handel ein, denn sie bezahlt gut und belohnt Freundlichkeit mit viel Wind in den Segeln. Wer sich aber weigert, bekommt ihre Macht zu spüren und findet sich nicht selten auf einem in die Tiefe sinkenden Schiff wieder.

Topf- oder schachtartige Vertiefungen, Kolke in Felsplatten werden auch Gletscher- oder Riesentöpfe genannt. Es heißt, dass die Riesen darin ihr Essen zubereiten.

RIESE

JOTE * HÜNE * THURSE

Der Glaube an Riesen ist uralt und weltweit verbreitet. In der altnordischen Mythologie sind die zauberkundigen Riesen aus *Utgård* die ewigen Feinde der Götter. Ihre Verbündeten sind die Reif- oder Frostriesen – die sogenannten *Hrimthursen* – aus dem Eisreich *Niflheim* und die Feuerriesen aus dem glutheißen *Muspelheim*. Es heißt, die ganze Welt sei aus dem Leichnam des Urriesen Ymer geformt, vom Obergott Odin und seinen Brüdern Vile und Ve. Sogar in der Bibel werden Riesen erwähnt, unter anderem Goliath, der von König David getötet wurde. Die griechischen Göttersagen erzählen von einäugigen Riesen, sogenannten *Zyklopen*, etwa von Polyphemos, der einen Großteil von Odysseus' Schiffsmannschaft frisst.

Die nordischen Riesen sind gigantische, uralte Geschöpfe, die bereits lange vor den Menschen gelebt haben. Sie sind über alle Maßen stark, aber plump und oft nicht besonders klug. Seit der Christianisierung des Nordens sind sie seltener geworden und haben sich in die unbewohnte Wildnis und die Berge zurückgezogen. Der Klang von Kirchenglocken bohrt sich in ihre Ohren und treibt sie in den Wahnsinn. Das wäre eine Erklärung für die vielen Findlinge, die in der skandinavischen Landschaft herumliegen. Denn es heißt, diese Steine hätten die Riesen verzweifelt auf die Kirchen geworfen, um dem unerträglichen Geläut ein Ende zu bereiten. Sie scheinen allerdings keine guten Schützen zu sein, da sie ihr Ziel immer verfehlt haben.

Topf- oder schachtartige Vertiefungen, Kolke in Felsplatten werden auch Gletscher- oder Riesentöpfe genannt. Es heißt, dass die Riesen darin ihr Essen zubereiten. Riesen sind bekannt für ihren ausgeprägten Appetit. Deswegen ist das Verhältnis zwischen den Menschen und den Riesen etwas angespannt. Es wird immer wieder dazu geraten, sich von Riesen, die eine Vorliebe für Menschenfleisch haben, fernzuhalten. Aber meistens haben die Riesen ihre Fressgier einigermaßen unter Kontrolle und kommen ganz gut mit den Menschen aus. Sie sind in der Regel freundlich und wollen niemandem Böses, auch wenn es hin und wieder passiert, dass sie aus Versehen auf jemanden drauftreten.

MÜHLENKOBOLD

MÜHLENGEIST * STROMSCHNELLENGEIST

In den bergigen, seenreichen Gegenden im Norden Skandinaviens fließen unendlich viele Bäche und Flüsse. Früher wurden an Stromschnellen und Furten, die eine rege genutzte Kraftquelle waren, Mühlen gebaut, in denen die Bauern ihr Korn mahlen konnten.

Der Mühlenkobold ist eine Art Wichtel, der meistens im Radkasten des Mühlrades haust. Wie seine Verwandten auf den Höfen sorgt er für Ordnung in der Mühle.

Heute gibt es nur noch wenige alte Mühlen, die im Betrieb sind. Aber früher achtete der Mühlenkobold stets darauf, dass der Müller seine Arbeitszeiten einhielt. Versuchte er beispielsweise, nachts oder an Feiertagen zu mahlen, so hielt der Mühlenkobold einfach das Mühlrad an und brachte ohne Weiteres die ganze Maschinerie zum Stehen. Denn der Mühlenkobold ist genauso stark wie andere Wichtel.

... eine Art Wichtel, der meistens im Radkasten des Mühlrades haust.

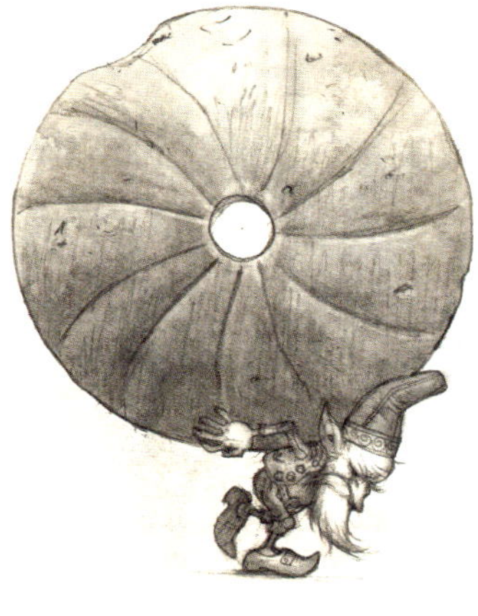

Es gab aber noch andere Gründe dafür, dass der Mühlenkobold das Mühlrad mitunter eine Zeit lang anhielt. Abends wollte er seine Ruhe haben und an der Stromschnelle Fiedel spielen. Denn vergleichbar mit dem Nöck, ist der Mühlenkobold ein begnadeter Musikant. Manchmal schien der Kobold es allerdings auch nur aus reiner Teufelei zu tun. Doch sobald man ihm eine Münze oder einen Klumpen Tabak runterwarf – er liebt Kautabak –, ließ er das Mühlrad los. Manchmal wollte der Kobold auch einfach nur mit den Menschen in Kontakt treten, weil er sich einsam fühlte, und hielt darum das Mühlrad an.

Mühlenkobolde sehen ihren Verwandten, den Haus- und Hofwichteln, ziemlich ähnlich: Sie sind kleine, betagte Wesen mit roter Mütze. Oft zeigen bestimmte Eigenheiten ihres Äußeren, dass sie mit den übernatürlichen Wesen verwandt sind, zum Beispiel ein Auge in der Mitte der Stirn oder eine unerhört lange Nase.

QUELLNYMPHE

Wasserelfe * Quellbachjungfer * Brunnengeist * Quellhexe

In den Quellen, die aus der Erde entspringen, wachen Quellnymphen. In Erzählungen aus dem antiken Griechenland heißen sie *Najaden*. Sie zeigen sich vorwiegend in der Gestalt hübscher Frauen und können in die Zukunft schauen.

Quellnymphen sind den Menschen grundsätzlich wohlgesonnen und helfen ihnen, solange sie respektvoll behandelt werden. Jede Nymphe wacht über ihre eigene Quelle, und gegen eine Opfergabe verleiht sie dem Wasser heilende Kräfte. Normalerweise ist die Nymphe für den Menschen unsichtbar oder zeigt sich in Gestalt eines Frosches. Bei einer ungewöhnlich großen Kröte oder einem extrem großen Frosch in der Nähe eines Gewässers könnte es sich also durchaus um eine Quellnymphe handeln. Das Wasser einer Quelle, in der Frösche sich wohlfühlen, gilt als unbedenklich trinkbar.

Doch wer aus einer Quelle trinkt, ohne ihrer Wächterin etwas zu opfern, läuft Gefahr, von einem Unglück heimgesucht oder krank zu werden. Am sichersten ist es daher, zuvor ein Gebet zu sprechen oder eine Formel aufzusagen, zum Beispiel: »Kreuz im Wasser! Nymphe auf dem Grund! Gott, gib mir reines Wasser!«

Früher, als die Menschen ihr Wasser noch aus dem Brunnen holten, war es ebenfalls angeraten, dies am Tag zu tun, wenn die unsichtbaren Kräfte am schwächsten waren. In der Nacht konnte es geschehen, dass man mit dem Wasser Geisterwesen ins Haus brachte. Eine frischgebackene Mutter sorgte immer dafür, ihr Neugeborenes nur in Wasser zu baden, auf das zuvor die Sonne geschienen hatte.

Der blanke Wasserspiegel eines stillen Gewässers kann ein Fenster in die andere Welt sein. Unter bestimmten Umständen gewährt die Nymphe der Quelle in diesem Spiegel kurze Einblicke in die Zukunft, besonders in Mittsommernächten. Es ist aber angeraten, nicht zu lange in eine Quelle zu schauen, weil im schlimmsten Fall die Nymphe, die in der Tiefe lebt, dem Betrachter das Spiegelbild und damit auch seine Seele rauben kann.

WALDGEIST

WALDFRAU * WALDFEE * HULDRA * KIEFER-MAJA

Die nordische Natur ist von tiefen, dunklen Wäldern bedeckt, in deren grünen Sälen uneingeschränkt der Waldgeist regiert. Er ist in höchstem Maße Teil des Waldes – und der Wald Teil von ihm. Er kann die Gestalt eines Baumes, eines moosbewachsenen Steins oder eines Tieres annehmen.

In menschlicher Gestalt zeigt sich der Waldgeist mitunter als alte Hexe mit hängenden Brüsten, die sie sich über die Schultern wirft, meistens jedoch als sehr schöne Frau. Darum wird der Waldgeist auch Waldfrau genannt. Aber irgendetwas an ihr ist immer merkwürdig, so anmutig sie auch sonst sein mag. Entweder hat die Frau grünlich schimmernde Haut, oder ihr Rücken ist von dicker Rinde bedeckt oder gar ausgehöhlt wie ein morscher Baumstamm. In anderen Fällen hat sie einen Schwanz oder Bocksfüße.

Der Waldgeist wacht über das Wild im Wald, daher ist es für Jäger wichtig, ihn an ihrer Seite zu haben. Eine Opfergabe in Form einer Münze auf einem Baumstumpf oder eines Happens zu essen kann Jagdglück bedeuten. Und der Jäger, der die Gunst des Waldgeistes erworben hat, kann so viel Wild erlegen, wie er will. Manche Tiere, oft Auerhähne oder Hirsche, gehören dem Waldgeist und stehen unter seinem besonderen Schutz. Sie sind verzaubert und lassen sich nicht erlegen, sosehr man es auch versucht. Die Schüsse gehen vorbei oder einfach durch das Tier hindurch. Der Jäger, dem es dennoch gelingt, ein solches verzaubertes Tier zu töten, kann sicher sein, den Zorn des Waldgeistes auf sich zu ziehen.

Wer sich in das Reich des Waldgeistes begibt, tut es unter seinen Bedingungen. Wie alle Naturwesen ist er launisch und kann, je nach Stimmung, so hilfsbereit wie bösartig sein. Es gibt alte Erzählungen, in denen der Waldgeist Köhler warnt, wenn ihre Meiler Feuer fangen, sich um Kinder kümmert, die sich im Wald verirrt haben, und Sennermädchen hilft, fortgelaufene Tiere wiederzufinden. Aber oft demonstriert der Waldgeist den Menschen auch nur seine Macht. Er verdreht ihnen die Sinne, damit sie sich verlaufen und im Kreis herumirren. Manche Menschen finden nie wieder heim und verschwinden für alle Zeiten in den Tiefen des Waldes. Die einzige Möglichkeit, den Bann zu brechen, ist, seine Jacke umzukrempeln, woraufhin man plötzlich wie aus einem Traum erwacht und wieder auf den rechten Pfad zurückfindet.

Wer aber einmal in die Fänge eines Waldgeistes geraten ist, wird für immer eine starke Sehnsucht nach dem Wald und der Einsamkeit in sich behalten und nie wieder ganz der Alte werden.

Als schöne Frau zeigte sich der Waldgeist früher oft Männern, die im Wald lebten und arbeiteten – Jägern, Baumfällern und Köhlern –, wenn sie abends einsam an ihren Lagerfeuern saßen. Die Waldfrau trat in ihrer anmutigsten Gestalt zwischen den Bäumen hervor und versuchte, die Männer zu verführen.

Ein Mann, der sich mit einer Waldfrau eingelassen hat, ist hinterher oft verschlossen und wortkarg, weil sie seine Seele bei sich behält. Außerdem ist es sehr schwer und riskant, sich überhaupt wieder von einer Waldfrau zu trennen. Sie kann dem Mann durch ihre magischen Kräfte den Verstand rauben, ihn ernsthaft krank machen oder ihn im schlimmsten Fall auf mehr oder weniger rätselhafte Weise sterben lassen. Bleibt der Mann jedoch bei der Waldfrau, kann er mit einem Leben in relativem Wohlstand rechnen und mit Erfolg bei allem, was er tut. Etliche Männer haben schon Kinder mit Waldfrauen gezeugt, die größer und stärker sind als Menschenkinder.

Wer aber einmal in die Fänge eines Waldgeistes geraten ist, wird für immer eine starke Sehnsucht nach dem Wald und der Einsamkeit in sich behalten und nie wieder ganz der Alte werden.

KLABAUTERMANN

SCHIFFSKOBOLD * SCHIFFSGEIST * KALFATERMANN

Männer, die ein Boot bauen.
Illustration aus Olaus Magnus'
»Geschichte der nordischen Völker«

Wichtel und Kobolde gibt es nicht nur an Land. Viele Schiffe beherbergen einen Schiffsgeist – den Klabautermann –, dem ungefähr die gleiche Rolle zufällt wie den bekannteren Haus- oder Hofwichteln und den Mühlenkobolden. Er sorgt für Ordnung an und unter Deck und schaut, dass das Holz frei von Holzwürmern und Fäulnis ist. Der Klabautermann erteilt den faulen und betrunkenen Seeleuten Lektionen, auch wenn er sich nur selten zeigt. Es bedeutet Glück, einen Klabautermann an Bord seines Schiffes zu haben, aber das hängt man besser nicht an die große Glocke – sonst kann das Schiff schnell geklaut werden.

Der Klabautermann bleibt vom Bau des Schiffes bis zu dessen Untergang – oder wenn es ausgedient hat – an Bord. Man nimmt an, dass der Klabautermann mit einem der für den Schiffskiel gefällten Baumstämme aufs Boot gelangt. Der Baumstamm ist sozusagen sein Wohnbaum. In seltenen Fällen kann es passieren, dass mehrere Klabautermänner an Bord sind, weil mehrere solcher Wohnbäume beim Schiffsbau verarbeitet wurden. Dies führt unweigerlich zum Streit, wer von ihnen der Wächter des neuen Schiffes sein darf. Bei derartigen Auseinandersetzungen kann es heiß hergehen, manchmal so wild, dass von dem Schiff hinterher nur noch Kleinholz übrig ist. Aber die meisten Konflikte können glücklicherweise auf andere Art gelöst werden, wovon folgende Geschichte erzählt:

Ein Schiffer hatte gerade ein neues Schiff gebaut. Eines Nachts war plötzlich ein gewaltiger Lärm auf Deck zu hören, und er begab sich nach oben, um nachzuschauen, was dort vor sich ging. Als er den Kopf aus der Luke steckte, sah er zwei kleine, alte Klabautermänner in einer wilden Prügelei.

»Wieso prügelt ihr euch?«, wollte der Schiffer wissen.
»Wir prügeln uns darum, wer von uns der Wächter des neuen Bootes ist«, antwortete einer der Klabautermänner. »Ich bin der Wächter des Baumes, aus dem das Kielschwein gezimmert wurde.«
»Dann kriegst du dieses Schiff«, bestimmte der Schiffer. »Und das nächste Boot, das ich baue, kriegt dein Kollege.«

Da waren beide Klabautermänner zufrieden, und alle waren glücklich.

NIXE

WASSERFRAU * SEEFRÄULEIN * SEEMAID * WASSERGEIST

Die Nixe wacht über einen Wald- oder Binnensee. Ist sie besonders mächtig, so gehört gleich ein ganzes Seensystem zu ihrem Reich, auf die gleiche Weise wie der Waldgeist über einen ganzen Wald wacht. Die Nixe zeigt sich als sehr schöne Frau, normalerweise auf einem Stein im Wasser sitzend und ihr langes, dunkelgrünes Haar kämmend. Wie bei der Waldfrau kann ihr Rücken ausgehöhlt oder von Schuppen bedeckt sein. Im Vergleich zur Meerjungfrau hat die Nixe keinen Fischschwanz, sondern geht auf zwei Beinen.

Genau wie das Wasser gibt und nimmt die Nixe Leben. Sie herrscht über die Bewohner im Wasser. Und der Angler, der ihr Achtung entgegenbringt und ihr ab und zu eine Münze oder einen Klumpen Kautabak opfert, wird mit einem reichen Fang belohnt und vor heranziehenden Unwettern gewarnt. Im Unterschied zum Nöck, der die Menschen aus Bösartigkeit ins Verderben lockt, tötet die Nixe selten aus reiner Mordgier, sondern nur, um ein begangenes Unrecht zu vergelten. Zumindest, solange sie nicht ausgehungert ist …

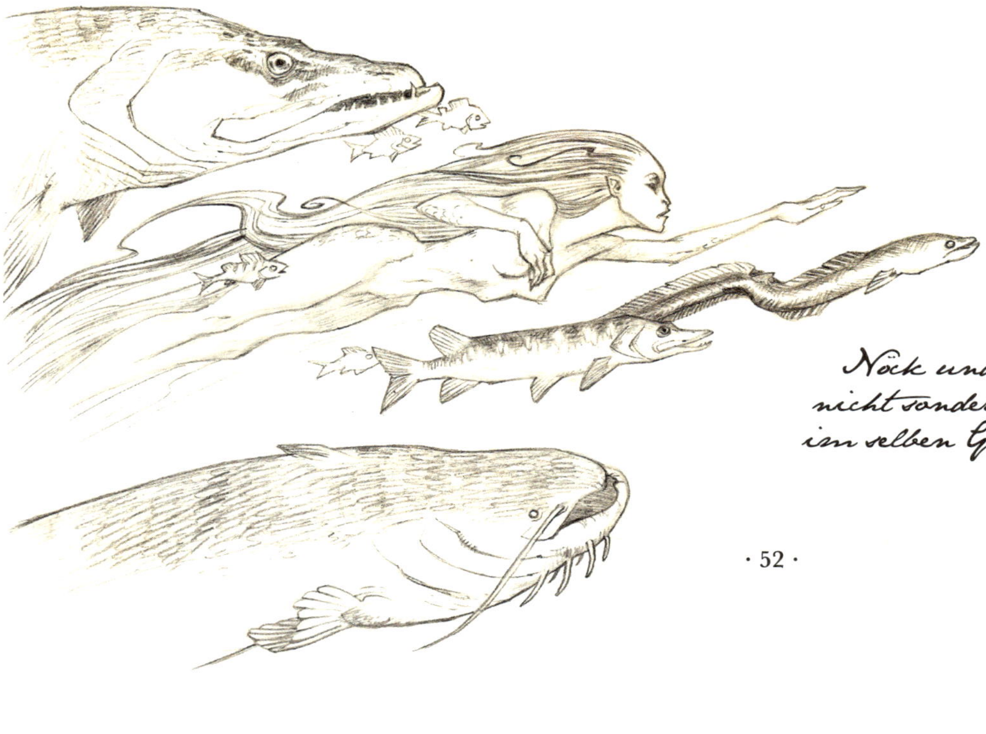

Nöck und Nixe mögen sich nicht sonderlich und sind selten im selben Gewässer anzutreffen.

Wer es allerdings schafft, sie zu reizen, wird mit dem qualvollen Ertrinkungstod bestraft und endet als Hechtfutter.

Nöck und Nixe mögen sich nicht sonderlich und sind selten im selben Gewässer anzutreffen.

Manche Nixen halten eigentümlich gestreifte Kühe, sogenannte *Seerinder*, die man am Ufer weiden sehen kann. Doch sobald sich jemand nähert, flieht die Herde und verschwindet spurlos in den Tiefen des Sees.

Einen außergewöhnlich großen Hecht an der Angel sollte man tunlichst zurück ins Wasser werfen, weil es sich womöglich um die Leitkuh der Nixe in Fischgestalt handelt.

NÖCK

WASSERMANN * EKKE * FLUSSMANN * NIX * NECK * NICKERT

Musizierender Flussmann lockt Menschen ins Wasser. Illustration aus Olaus Magnus' »Geschichte der nordischen Völker«

Der Nöck ist ein mystisches und gefährliches Wasserwesen, das in Flüssen, Furten, Bächen und Seen anzutreffen ist. Er versucht, unachtsame Badende in sein Unterwasserreich zu locken und dort gefangen zu halten. Blühende Seerosen sind ein sicheres Zeichen dafür, dass ein Nöck in der Nähe ist. Man kann ihn bannen, indem man am Ufer ein Messer in die Erde sticht, ehe man baden geht.

Der Nöck tritt in so vielen Gestalten auf, wie es Gewässer gibt, aber entgegen der gängigen Auffassung ist er selten nackt. Mal zeigt er sich als junger Mann, dann wieder als eleganter Herr oder uralter Greis mit weißem Bart und roter Mütze. Unabhängig von seiner jeweiligen Gestalt erkennt man ihn an seinem langen grünlich schwarzen Haar und an seinen Augen, die wie ein dunkler, tiefer Waldsee aussehen. Auch gibt es spezielle Erkennungsmerkmale wie Pferdehufe, eine lange, krumme Nase, ein zusätzliches Auge mitten auf der Stirn, Hörner, Froschaugen und Schwimmhäute zwischen den Fingern und Zehen.

So fröhlich das Fiedelspiel des Nöcks auch klingen mag, schwingt doch immer auch Sehnsucht und Wehmut darin mit, als würde es eine große Trauer in sich tragen.

Der Nöck ist ein meisterhafter Musikant, der den Menschen mit seinen wirbelnden Melodien die Sinne verwirrt. Sein liebstes Instrument ist die Geige, aber er spielt auch Flöte und Harfe. Meist spielt er in der Dämmerung, auf einem Stein im fließenden Wasser sitzend, an Wasserfällen, Mühlen und unter Brücken. Menschen, die seine traumgleiche Musik hören, können davon verzaubert und damit zur leichten Beute für den Nöck werden. Manchmal ist die Musik so mitreißend und wunderschön, dass die Leute in Tränen ausbrechen und nicht mehr aufhören können zu tanzen, bis die Sonne aufgeht. Wenn dem Nöck bei seinem eigenen Spiel die Tränen kommen, ist das ein sicheres Zeichen für ein bevorstehendes Unglück.

So fröhlich das Fiedelspiel des Nöcks auch klingen mag, schwingen doch immer auch Sehnsucht und Wehmut darin mit, als würde er eine große Trauer in sich tragen.

Vielleicht ist der Grund für seine Trauer die Erkenntnis, dass er niemals Seelenfrieden finden wird, da er im Unterschied zu den Menschen keine Seele hat. Vielleicht trauert er aber auch wegen seines einsamen Lebens. Immer wieder zieht er Menschen in sein Unterwasserreich hinab, um dann jedes Mal aufs Neue enttäuscht festzustellen, dass sie dort nicht leben können und er für immer allein bleiben wird.

Nur die ganz Furchtlosen wagen es, den Nöck zu bitten, sie seine Spielkünste zu lehren. Dazu müssen sie sich drei Donnerstagnächte hintereinander an eine Furt oder Stromschnelle begeben und ihr Instrument spielen. In den ersten beiden Nächten geschieht nichts. Aber in der dritten Nacht taucht der Nöck auf und verlangt eine pechschwarze Katze als Bezahlung. Während der gesamten Lektion muss man auf der Hut sein, weil der Nöck immer wieder versucht, seinen Lehrling in die Tiefe zu locken und zu ertränken.

Wer den Unterricht des Nöcks überlebt, kann fortan so wunderbar spielen, dass selbst Stühle und Tische zu tanzen beginnen. Aber er sollte die Warnung des Nöcks vor bestimmten Melodien ernst nehmen, die sehr gefährlich werden können, weil sie sowohl den Spielmann selbst als auch die Zuhörer in einen so wilden Tanz reißen, dass keiner von ihnen mehr aufhören kann, bis die Füße abfallen. Überliefert ist, dass solche Tänze manchmal so lange andauerten, bis der ganze Körper abgetanzt war und nur noch ein paar hüpfende Köpfe auf dem Tanzboden übrig waren. Der Wahnsinn lässt sich nur beenden, indem man die Saiten der Fiedel durchschneidet. Sobald die Musik verstummt, ist der Bann gebrochen.

BACHPFERD

BÄCKAPFERD * WASSERPFERD * NÖCK IN PFERDEGESTALT

Das Bachpferd ist ein bösartiges Raubtier, das an Bächen, Flüssen und Seen lauert, wo es versucht, passierende Pferde mitsamt Reitern ins Wasser zu ziehen und zu ertränken. Es zeigt sich als stattlicher, meist strahlend weißer Hengst, kann aber auch grau gescheckt, schwarz oder blau schimmernd sein. Sein Maul steckt voller messerscharfer Reißzähne. Es verhält sich in vielerlei Hinsicht wie der Nöck, weshalb einige Menschen im Bachpferd einen verkleideten Nöck sehen.

Meistens tritt es ruhig und freundlich auf und tut so, als wäre es ein gewöhnliches Pferd, das zufällig am Flussufer herumstreunt. Dabei versucht es besonders gerne, Kinder dazu zu bringen, auf seinen Rücken zu steigen. Je mehr Kinder aufsitzen, desto länger wird der Rücken, sodass alle Platz haben, egal wie viele es werden. Dann prescht das Bachpferd in vollem Galopp aufs Wasser zu. Wenn eins der Kinder laut ausruft: »Kruzifix, ist das schnell!«, kommen sie noch einmal mit dem Schrecken davon.

Denn sobald das christliche Wort *Kreuz* oder auch *Kruzifix* – das Wort für die Darstellung von Jesus am Kreuz – ausgesprochen wird, ist die Macht des Bachpferdes gebrochen. Es wirft die Kinder ab und verschwindet.

Man erzählt sich Geschichten, in denen ein Bachpferd einem Bauern erlaubte, es vor den Pflug oder die Egge zu spannen, woraufhin es dann hervorragende Arbeit als Zugpferd leistete. Denn der Stahl im Pferdegeschirr bändigte das Tier. Am Abend jedoch, als der Bauer das Geschirr abnehmen wollte, sprang das Pferd zurück ins Wasser und versuchte, den Bauern mit sich in die Tiefe zu reißen.

Einige Bachpferde sind aber eher hinterlistig als mörderisch veranlagt und begnügen sich damit, den Menschen Streiche zu spielen, statt sie zu töten. Kaum sitzt man im Sattel, jagen sie in irre schnellem Wahnsinnsritt über Stock und Stein, bis dem überrumpelten Reiter schwarz vor Augen wird. Und ehe er sich's versieht, wird er viele Dörfer weiter abgeworfen, nicht wissend, wie er wieder nach Hause kommen soll. Das Bachpferd prescht unterdessen schadenfroh wiehernd davon.

TROLL

TROLLVOLK

Grubenarbeiter in einem Schacht. Rechts sieht man einen Bergtroll mit einem Spieß arbeiten. Illustration aus Olaus Magnus' »Geschichte der nordischen Völker«

In den tiefen, dunklen Wäldern Süd- und Mittelschwedens sind die Trolle zu Hause, geheimnisvolle Wesen, die in Gemeinschaften in Bergen und Hügeln wohnen, weit fort von den Menschen.

Ihr Leben erinnert ansonsten in vielem an unseres. Sie heiraten, bekommen Kinder und sterben – obgleich sie sehr viel älter werden als wir. Sie betreiben Viehhaltung, brauen Bier, backen Brot und fördern Erz zutage. Doch im Gegensatz zu uns Menschen gehören sie nicht zur christlichen Gemeinschaft. Sie scheuen die Kirche und alles, was damit zu tun hat, wie der Teufel das Weihwasser. Begegnet man einem Troll freundlich, so ist er in der Regel ebenfalls freundlich.

Früher lebten Trolle und Bauern meistens in einem engen und guten nachbarschaftlichen Verhältnis. Man half sich gegenseitig mit Bierbottichen, Backtrögen und anderen Gerätschaften aus und trieb Tauschhandel.

Berichten zufolge gab es aber auch angespanntere Beziehungen, weil manche Trolle diebisch veranlagt sind und alles klauen, was ihnen in die Finger kommt. Wenn man solche Trolle in der Nähe hat, ist es äußerst ratsam, vorbeugende Maßnahmen zu ergreifen.

In früheren Zeiten, als die Trolle noch nicht so zurückgezogen lebten, hat man etwa immer ein Kreuz über dem frisch gebrauten Bier geschlagen oder etwas Stählernes in den Braubottich gelegt. Andernfalls kamen die Trolle und rissen es sich unter den Nagel. Das Gleiche galt fürs Brotbacken. Manche Trolle sind im Besitz von Unsichtbarkeitskappen, mit deren Hilfe sie sich auf Festen ihrer menschlichen Nachbarn einschlichen und sich ungesehen mit an die Festtafel setzten. Sie bedienten sich unbemerkt, was zur Folge hatte, dass die geladenen Gäste sich nicht satt essen konnten, egal wie viel aufgetischt wurde.

Der Diebstahl der Trolle beschränkt sich leider nicht nur auf Nahrungsmittel und Getränke, manchmal ist der Mensch selbst in Gefahr. Immer wieder verschwinden Menschen spurlos, wenn sie in Wald und Feld unterwegs sind. Sie wurden vom Troll entführt.

Wer von Trollen verschleppt wurde, sollte auf keinen Fall von den Speisen essen, die sie einem anbieten. Sonst bekommen die Trolle Macht über einen, und man steckt für immer bei ihnen fest. Oft sind es Kröten, Schlangen und anderes ekeliges Zeug, das sie ihrem »Gast« vorsetzen. Für den Gefangenen aber sieht es nach saftigem Braten und anderen Köstlichkeiten aus, weil die Trolle seinen Blick verzerrt haben.

Es heißt, die Trolle wären vom Aussterben bedroht und bräuchten frisches Blut. Früher raubten sie in regelmäßigen Abständen Menschenkinder und zogen sie als ihre eigenen auf. Dafür ließen sie in der Wiege ein Wechselbalg zurück: häufig ihr eigenes Kind, aber manchmal auch eine aus einem verzauberten Holzstück geschnitzte Puppe, die dem geraubten Kind zum Verwechseln ähnelte. Bis die Eltern entdeckten, dass etwas nicht stimmte, war es zu spät.

Wechselbälger sind nicht wie andere Kinder, sondern oft ungeheuer stark. Zudem verfügen sie über ein übernatürliches Wissen, das kein gewöhnliches Kleinkind hat oder jemals entwickeln wird. Es besteht die Möglichkeit, dass man sein ausgetauschtes Kind zurückbekommt, wenn man droht, dem Wechselbalg Schaden zuzufügen.

Eine Bauersfrau, die den Verdacht hatte, dass ihr Kind gegen ein Wechselbalg ausgetauscht worden war, machte Feuer im Ofen und legte das Wechselbalg auf den Backspaten. Dann rief sie laut, dass sie jetzt das Trollkind braten würde.

Augenblicklich erschien die Trollmutter mit dem Menschenkind auf dem Arm in der Tür. »Hier hast du deins zurück! Ich bin nicht so grausam zu deinem Kind gewesen wie du zu meinem!«, schrie sie, entriss der Bauersfrau ihr Trollkind und verschwand spurlos.

Auf der Türschwelle lag das Kind der Bauersfrau.

Um seine Kinder von vornherein vor solchen Troll-Entführungen zu schützen, sollte man sie so schnell wie möglich taufen lassen und vor der Taufe ein Stück Stahl oder ein Gesangbuch in die Wiege legen.

Eine Geschichte erzählt von dem Dorf Dyreborg, das nicht weit entfernt von einem Hügel lag, in dem die Trolle hausten.

Zu jedem Weihnachtsfest wurde der Hügel von Goldsäulen emporgehoben, zwischen denen die Trolle feierten. Die Dorfbewohner vertrugen sich gut mit den Trollen, und sie liehen sich oft Kessel oder andere nützliche Dinge voneinander aus. Einmal lieh sich ein Bauer einen Trollkessel für die Weihnachtsschlachtung aus und schickte am Weihnachtsabend einen Knecht los, um ihn zurückzugeben. Als Dank für die Leihgabe hatte der Bauer eine Wurst in den Kessel gelegt, die der einfältige Knecht unterwegs aufaß. Als Ersatz drückte er eine eigene Wurst in den Kessel. Das war das Ende des guten Nachbarschaftsverhältnisses. Als der Bauer am nächsten Morgen erwachte, bekam er einen gewaltigen Schreck: In der Nacht war der Troll in seinem Stall gewesen und hatte bei allen Tieren Köpfe und Schwänze ausgetauscht.

Trolle werden heutzutage oftmals als große, tollpatschige Monster dargestellt, aber das entspricht nicht ganz der Wahrheit. Zwar ist das norwegische Fjell die Heimat von Trollen mit enormen Proportionen und teilweise groteskem Aussehen mit mehreren Köpfen, warziger Haut und sabbernden Lefzen, doch diese Trolle sind wohl eher mit den Riesen verwandt. Der Troll in den schwedischen Wäldern hingegen ist dem Menschen gar nicht so unähnlich. Männliche Trolle sind zwar oft hässlich, mit langen Nasen, spitzen Ohren und richtigen Beißern im Maul, andererseits gibt es Trollfrauen, die noch um Längen schöner sind als Menschenfrauen. In der Regel verrät sie dann aber doch ein kleines Detail: eine Asymmetrie der Gesichtszüge, das leicht grünliche Schimmern der Haut oder die eigenartige Form der Pupillen in einem bestimmten Licht. Ab und zu zeigen sich auch ein Schwanz oder ein Paar Bocksfüße unter dem Kleidersaum.

Besonders Trollfräuleins mischen sich auf Märkten oder Tanzveranstaltungen gerne verkleidet unter die Menschen. Wenn man eine Trollfrau an dem hervorlugenden Schwanz unter dem Rock erkennt, sollte man seine Zunge im Zaum halten. Denn spricht jemand sie offen auf ihre Herkunft an, wird sie alles dafür tun, diese Taktlosigkeit zu rächen. Darum sollte man besser nur sagen: »Dem Fräulein scheint der Unterrock verrutscht zu sein.« Für so einen dezenten Hinweis auf ihren Fauxpas wird die Trolldame sehr dankbar sein und sich vermutlich bei gegebener Gelegenheit auf die eine oder andere Weise erkenntlich zeigen.

VITTE

VITTRA * ERDWICHTEL * VITTERVOLK
DAS KLEINE VOLK UNTER DER ERDE

Zwischen den Bergen und Almen im Norden Schwedens sind die Vitter zu Hause. Ähnlich wie die Vätter, mit denen sie eng verwandt sind, wohnen die Vitter unter der Erde, gerne in der Nähe von menschlichen Behausungen. Sie leben in Gemeinschaften, und man trifft sie selten allein an. Vitter sind im Allgemeinen freundlich, solange sie in Frieden gelassen werden.

Vitter sehen uns Menschen ähnlich, sind aber viel kleiner. Im Unterschied zur erdgrauen Kleidung der Vätter kleiden die Vitter sich rot und haben im Ganzen ein etwas gepflegteres Erscheinungsbild. Sie laufen häufig in Trachten herum, vergleichbar mit denen, die wir Menschen zu festlichen Anlässen tragen. Manchmal nehmen die Vitter aber auch eine andere Gestalt an, zum Beispiel die von kleinen gestreiften Würmern oder Larven. Wer aus Versehen auf solch ein Tierchen tritt, dem entzündet sich der Fuß oder der wird schwer krank.

Das Leben des Vittervolkes unterscheidet sich nicht nennenswert von dem der Menschen. Die Vitter halten eigene Kühe und Ziegen, die sie melken und im Sommer auf die Alm treiben. Ihr Vieh ist milchweiß und gut genährt, aber kleinwüchsig. Es trägt Silberglöckchen mit einem mystisch melodischen Klang um den Hals. Trotz ihrer geringen Größe gibt das *Vittervieh* viel mehr Milch als das Vieh der Menschen.

Vitter hinterlassen keine Spuren im Schnee.

Wenn Sennermädchen früher beim Hüten ihrer Tiere auf eine Vitterkuh stießen und so geistesgegenwärtig waren, ein Messer über den Rücken der Kuh zu werfen, konnten sie das Tier behalten, weil Stahl Naturwesen bannt. Aber noch am selben Abend musste das Mädchen mit einem Besuch des Vitterbauern rechnen, der ein paar Bedingungen an sie stellte. Sie durfte die Kuh behalten, aber nicht mehr als einen Kübel pro Tag melken, weil die Kuh sonst starb. Und alle Kälber, die die Kuh bekam, gehörten den Vittern.

Die Vitter führen ihr Vieh über *Vitterpfade*, die ihr Netz kreuz und quer durch die Landschaft spinnen. Unachtsame Leute, die ihre Häuser auf solchen Pfaden errichten, haben keine ruhige Nacht mehr. Ihnen bleibt nichts anders übrig, als das Haus zu versetzen oder nachts die Türen offen zu lassen, damit die Vitter mit ihrem Vieh unbehindert hindurchziehen können.

In seltenen Fällen kommt es vor, dass Vitter – ähnlich wie die Trolle – Vieh oder Kinder rauben. Doch kehren die Entführten meistens nach spätestens drei Tagen wieder zurück.

Manche Vitter wachen über Seen, sogenannte *Vitterseen*. Wirft man eine Silbermünze ins Wasser, bevor man zum Fischen rausfährt, kann man mit einem guten Fang rechnen. Vitter halten mitunter *Trollhechte,* die eine enorme Größe erreichen können, sich aber weder mit Angeln noch mit Netzen fangen lassen, sosehr man es auch versucht.

Vitter hinterlassen keine Spuren im Schnee.

VÄTTE

ERDBAUER * GNOM * GRAUWICHT

Mann im Streit mit einem Gnom. Illustration aus Olaus Magnus' »Geschichte der nordischen Völker«

Viele Naturwesen sind menschenscheu und halten sich vorzugsweise in dunklen Wäldern oder einsamen Bergen auf, weit entfernt von jeder Zivilisation. Die Vätter hingegen mögen die Nähe des Menschen und fühlen sich zu Höfen und Dörfern hingezogen. Sie leben unter der Erde und werden darum auch Erdbauern genannt. Ihre Wohnungen befinden sich häufig in der Nähe eines Hofes, unter den Wurzeln eines großen Baumes oder unter dem Kuhstall. Manchmal sogar unter dem Wohnhaus, und dann mit Vorliebe unter der Feuerstelle. Nachts kommen die Vätter aus ihren Höhlen und tanzen auf dem Herd.

Trotz ihrer Verwandtschaft mit den Wichteln und Kobolden sind sie keine Einzelgänger. Vätter leben in Großfamilien, ungefähr so wie die Menschen. In der Regel sind sie grau oder schwarz gekleidet und sehr klein, nicht größer als Ratten.

Obgleich sie in der Nachbarschaft von uns Menschen leben, zeigen sie sich äußerst selten. Sie bleiben lieber unter sich und stören uns nicht, solange wir sie ebenfalls in Ruhe lassen. Aber wegen der Nähe der Lebenswelten lassen sich Konflikte nicht immer ganz vermeiden. Da die Vätter für Naturwesen jedoch außergewöhnlich geduldig sind, versuchen sie Streitigkeiten stets im Gespräch zu lösen.

Abb. 1
Grauwicht

Abb. 2
Vätterfrau

Abb. 3
Vättermann

Väter haben kurze und für Menschen lustig klingende Namen wie Toss, Poss oder Knoss.

Ein häufiger Konflikt ist beispielsweise, dass Menschen von den Vättern aufgefordert werden, einen Stall zu versetzen, weil die Ausscheidungen der Pferde ständig auf ihren Esstisch tropfen. Bemühen sich die Menschen, das Problem schnell aus dem Weg zu räumen, werden sie oft von den Vättern belohnt und haben fortan Glück mit ihren Tieren. Die Belohnung kann in Form einer Gabe kommen, die auf den ersten Blick etwas befremdlich oder alltäglich aussieht: eine Handvoll trockene Blätter oder ein paar trockene Stöckchen. Aber wer die Ermahnung der Vätter ernst nimmt, gut auf die Gabe aufzupassen, wird bald feststellen, dass sie sich in Goldmünzen oder Edelsteine verwandelt. Die meisten Vätter sind im Großen und Ganzen freundlich, aber einige wenige können sehr gemein, garstig und diebisch sein. Diese Exemplare werden auch *Teufelsvätter* genannt.

Schüttet man heißes Wasser auf die Erde, sollte man netterweise vorher die unterirdischen Bewohner mit einem »Achtung da unten!« warnen, damit sie sich in Sicherheit bringen können.

Das gilt auch für all die Hofarbeiter, die ihr Bedürfnis hinter der Stallecke verrichten. Wer aus Unachtsamkeit einem Vätter auf den Kopf pinkelt, muss mit irgendeiner Form von Rache rechnen: Entweder bricht eine Krankheit aus, oder der Hof gerät in Brand. Meistens aber begnügen die Vätter sich mit einer weniger grausamen Vergeltung, zum Beispiel beißen sie dem Täter in die Nase, wenn er gerade am Einschlafen ist, oder stellen ihm ein Bein, wenn er draußen herumläuft.

Vätter weisen oft Züge von Tieren auf, die in der Nähe von Menschen leben: von Mäusen, Ratten, Kröten oder Igeln. Wenn sie sich tarnen möchten, können sie auch ganz die Gestalt dieser Tiere annehmen. Findet man auf dem Grundstück eine außergewöhnlich große Kröte, sollte man sie daher mit äußerstem Respekt behandeln, weil es sich durchaus um einen getarnten Vätter handeln könnte, der nicht gestört werden will.

Vätter haben kurze und für Menschen lustig klingende Namen wie Toss, Poss oder Knoss.

HELFERGEISTER

Helfergeister sind magische, eng mit den Mächten der Finsternis verbundene Kreaturen, die in einem Ritual herbeigerufen oder erschaffen werden, entweder um jemandem zu dienen oder um einen Platz zu bewachen.

SPIRITUS

Schon so manche Hexe oder zauberkundige Person ging für irdischen Erfolg und Reichtum einen Pakt mit den dunklen Mächten und dem Teufel ein, um einen Spiritus, einen Helfergeist, zu erschaffen.

Das kann auf unterschiedliche Art geschehen: Man kann zum Beispiel einen Menschenknochen an einen Haken knoten und drei Donnerstagabende in Folge damit an einen Bach angeln gehen. Am dritten Abend beißt dann eine kleine, unheimliche Kreatur an: ein Spiritus. Eine andere Möglichkeit ist, in seiner Achselhöhle das Ei eines Hahnes auszubrüten. Laut einer alten Sage legt der Hahn einmal im Jahr ein Ei, aus dem, wenn die Zeit reif ist, ein Spiritus schlüpft.

Der Spiritus ist meist ein kleines, schwarz schimmerndes, insektenähnliches Wesen, kann aber auch andere Gestalt annehmen. Er lebt in einer kunstvoll geschnitzten Schatulle, und solange der Besitzer ihn jeden Morgen mit einem ordentlichen Spuckeklumpen füttert, wird er keinen Geldmangel leiden. Dabei ist es wichtig, auf nüchternen Magen zu spucken. Man erzählt sich von Fällen, wo der Besitzer sich vor dem Morgenritual unbedacht eine Portion Kautabak unter die Oberlippe geschoben hat. Daraufhin reagierte der Spiritus äußerst ungehalten und kehrte entweder zum Teufel zurück oder rächte sich auf grausame Weise.

Ein Spiritus beschert seinem Besitzer, dem er dient, Reichtum. Genau genommen handelt es sich allerdings um ein Pfand vom Teufel. Man sollte den Spiritus daher tunlichst vor dem Tod loswerden, um zu verhindern, dass der Teufel das Seelenpfand einlöst. Zwei Mal kann man den Spiritus weiterverkaufen, der dritte Besitzer kann ihn nicht mehr abschütteln, wie sehr er es auch versucht. In der Todesstunde kommt der Spiritus aus seiner Schatulle gekrochen und setzt sich auf die Brust des Sterbenden. Es ist mit anderen Worten also sehr riskant, einen Spiritus aus zweiter Hand zu kaufen. Einerseits winkt einem großer Reichtum, andererseits setzt man seine unsterbliche Seele aufs Spiel – und erspart dem ursprünglichen Besitzer die Qualen der Hölle.

Skala 1:1

Der Spiritus ist meist ein kleines, schwarz schimmerndes, insektenähnliches Wesen, kann aber auch andere Gestalt annehmen.

Abb. 1

Abb. 2

Abb. 3

Abb. 4

Abb. 5

MILCH-HASE

POCKER * ZUTRÄGER * GEISTER-HASE * KRAFTTIER

Eins der wichtigsten Nahrungsmittel in alten Agrargemeinschaften war die Milch. Ohne Milch keine Butter, keine Sahne und kein Käse. Versiegte die Milch, konnte das den Hungertod für die Bauern bedeuten. Manche Bäuerinnen schienen jedoch über unversiegbare Milchquellen zu verfügen, was nicht automatisch darauf zurückzuführen war, dass ihre Kühe mehr Milch gaben als andere. Diese Frauen wurden nicht selten als Hexen verdächtigt, die vom Teufel persönlich einen Milch-Hasen bekommen oder mithilfe schwarzer Magie selbst erschaffen hatten.

Der Milch-Hase ist ein unheimliches, bösartiges, entfernt an einen Hasen erinnerndes Wesen, das häufig die Gestalt eines rollenden Woll- oder Stoffknäuels annimmt. Er kann aber auch wie eine Schlange, ein Igel oder ein Vogel aussehen.

Dieses Wesen schickten die Bäuerinnen, die mit dem Teufel einen Pakt geschlossen hatten, nach Sonnenuntergang los, um die Kühe der Nachbarn zu melken. Die ganze Nacht war es auf den Höfen der Gegend unterwegs, saugte die Milch direkt aus den Eutern der Kühe und spuckte sie in den sogenannten *Pockerkübel*, einen verzauberten Eimer oder Trog. Dass einer Kuh ihre Milch gestohlen worden war, konnte man an den Spuren an ihren Hinterbeinen erkennen, an denen der Milch-Hase hochgeklettert war, um ans Euter zu gelangen. Oder an kleinen Bisswunden an den Zitzen, die die spitzen Zähne des Hasen hinterlassen hatten. Außerdem ließ der Milch-Hase oft klebrige, buttergelbe, sogenannte *Trollbutter*-Kothaufen am Tatort zurück.

Abb. 1
Pockerkübel

Ein Milch-Hase wurde aus dem ausgegrabenen Knochenglied des kleinen Fingers eines Kinderskeletts gemacht, das mit sieben verschiedenen Garnfäden oder Stoffstreifen umwickelt wurde. In einem magischen Ritual wurde ihm dann mit einem Blutopfer seines Schöpfers Leben eingehaucht. Doch ein Milch-Hase konnte auch aus allen möglichen anderen Dingen zusammengesetzt sein: aus Stöckchen, geweihter Friedhofserde oder abgeschabten Metallspänen einer Kirchenglocke, aus Haaren, Fingernägeln und anderen unaussprechlichen Sachen. Der Milch-Hase ließ sich nur mit einer Silberkugel besiegen.

Abb. 2
Trollbutter

Ein Knecht beobachtete zwei zauberkundige Frauen bei der Erschaffung eines Milch-Hasen. Als sie das Ritual mittendrin unterbrachen, um ihre eigenen Kühe zu melken, schlich der Knecht hinein und brachte das Ritual zu Ende. Da er das Ganze nicht so recht ernst nahm, schloss er es mit den Worten ab: »Mist sollst du herbeitragen und nichts sonst!«

Stell dir sein Erstaunen vor, als der Milch-Hase plötzlich wirklich zum Leben erwachte und in die Nacht davonflitzte. Danach hatte der Knecht nie mehr Probleme, eine Anstellung bei einem der Bauern in der Gegend zu bekommen, weil in seiner Nähe immer die größten Misthaufen wuchsen und damit mehr als genug Dünger für die Felder vorhanden war.

GESTALTWANDLER

Gestaltwandler sind Menschen, die sich aufgrund eines Fluches in ein Tier oder ein übermenschliches Geschöpf verwandeln. Manche Zauberkundige können aus eigener Kraft andere Gestalt annehmen.

MAHR

NACHTMAHR * NACHTALB

Die Mahr ist ein grauenerregendes weibliches Wesen, das nachts Menschen und Tiere heimsucht. Das Wort *Mahr* geht auf ein altgermanisches Wort zurück, das *pressen* oder *zerdrücken* bedeutet. Die Mahr hockt sich auf den Brustkorb des Schlafenden und drückt alle Luft und Lebenskraft aus ihm heraus. Der Betroffene wacht schweißgebadet auf und hat das Gefühl, zu ersticken. Da die Mahr durch das winzigste Astloch passt, ist kein Raum sicher vor ihr, wie fest man die Tür auch verriegelt.

Glücklicherweise leidet die Mahr an Zwangsneurosen, sodass man sich gegen sie schützen kann, indem man beispielsweise ein mit Kuhhaaren gespicktes Gesangbuch auf die Fensterbank legt. Die Mahr muss stehen bleiben, um jedes einzelne Haar zu zählen, und kommt deshalb nicht mehr dazu, Schaden anzurichten. Alternativ kann man um das Bett Leinsamen ausstreuen, die die Mahr ebenfalls zwanghaft zählen muss.

Manche Mahre reiten auch auf Pferden. Man weiß gleich, dass ein Hengst von der Mahr geritten wurde, wenn er morgens erschöpft und verschwitzt in seiner Box steht, oft mit verfilzten *Trollflechten* in der Mähne. Ein toter Raubvogel oder ein sechskantiges Amulett gegen böse Geister – über die Box des Pferdes gehängt – schreckt die Mahr ab.

Es lässt sich nicht so genau sagen, wo Mahre ursprünglich herkommen. Einige sagen, sie wären die Seelen verstorbener, unverheirateter Frauen, die vergeblich die Nähe und Wärme der Lebenden suchen. Andere sagen, es wären ganz gewöhnliche Frauen, die sich aufgrund eines Fluches in Mahre verwandeln. Den Fluch haben bereits ihre Mütter auf sie geladen – denn früher zogen Frauen zur Linderung der bevorstehenden Geburtsschmerzen mitunter schwarze Magie heran und krochen zu dem Zweck durch die Fruchtblase eines Fohlens. Mädchen, die nach so einem Ritual geboren wurden, verwandelten sich in Mahre, Jungen in Werwölfe.

Wird eine Frau zur Mahr, so löst sich ihr Körper in öligen Rauch auf, ehe sie in die Nacht hinausfliegt. Der Fluch kann gebrochen werden, wenn man bei ihrer Rückkehr am Morgen laut ausspricht, dass sie eine Mahr ist. Am besten wartet man aber, bis die Mahr wieder ganz ihre ursprüngliche Gestalt angenommen hat, weil sie sonst womöglich einen Finger oder Zeh verliert, der sich noch nicht ganz zurückverwandelt hat.

Das Wort »Mahr« geht auf ein altgermanisches Wort zurück, das »pressen« oder »zerdrücken« bedeutet.

WERWOLF

MANNWOLF * LYKANTHROP * GESTALTWANDLER

Mann, der von einem Werwolf angefallen wird.
Holzschnitt von Hans Weiditz

Seit Urzeiten gibt es Berichte von Menschen, die sich in Tiere verwandeln, was auch als *Form-* oder *Gestaltwandel* bezeichnet wird. In der Wikingerzeit waren Berserker gefürchtete Krieger, die in der Hitze des Gefechts plötzlich als Wölfe oder Bären weiterkämpften.

Der Werwolf ist meist ein tragisches Wesen, verurteilt zu einem Leben in ständiger Angst, seinen Mitmenschen Schaden zuzufügen, sobald er zur Bestie wird. Geschieht die Transformation aber aus freien Stücken, so handelt es sich bei dem Werwolf meist um ein durch und durch blutrünstiges Monster.

Es gab verschiedene Wege, wie ein Mensch zum Werwolf wurde. Oft geschah die Verwandlung des Betreffenden – Werwölfe sind fast ausschließlich männlich – zur Strafe. Beispielsweise erlegte eine Hexe, ein zauberkundiges Wesen oder ein Naturgeist dem Menschen für ein begangenes Unrecht einen Fluch auf, der ihn dazu verdammte, sieben Jahre lang als Wolf durch den Wald zu streunen.

Manche schwangere Frau linderte früher mithilfe schwarzer Magie die bevorstehenden Geburtsschmerzen. Das sorgte vielleicht für eine schmerzfreie Geburt, brachte sie aber auf diese Weise einen Jungen zur Welt, so war er zu einem Dasein als Werwolf verdammt, ein Mädchen zu einem Leben als Mahr.

Der Werwolf ist meist ein tragisches Wesen, verurteilt zu einem Leben in ständiger Angst, seinen Mitmenschen Schaden zuzufügen, sobald er zur Bestie wird.

Ein Werwolf konnte nur von seinem Fluch erlöst werden, indem man ihn mit einer Silberkugel erschoss oder wenn ihn ein nahestehender Mensch bei seinem richtigen Namen rief.
Zudem gab es eine dritte, grausame Möglichkeit, wie er sich selbst erlösen konnte: Er musste in Wolfsgestalt einer schwangeren Frau das Kind aus dem Leib reißen und es fressen. Deshalb lebten schwangere Frauen früher in ständiger Angst und wurden möglichst nie alleine gelassen. Es reichte allerdings schon, wenn irgendein anderer Mensch – selbst ein kleines Kind – bei der Frau war, um die Werwölfe fernzuhalten.

Es gab früher zauberkundige Menschen, die sich aus freien Stücken in Wölfe oder Bären verwandelten. Oft mit dem Ziel, in Tiergestalt blutige Rache an einem Feind zu nehmen. Oder um in schweren Zeiten wie Hungersnöten als Wolf zu leben und Beute zu reißen.

TOTENWESEN

Zu den Totenwesen zählen alle unerlösten Seelen, die durch einen tragischen Tod, eine unvollendete Aufgabe oder zur Strafe keine Ruhe im Grab finden. Sie sind dazu verurteilt, unter den Irdischen zu bleiben. Verbittert über ihr Schicksal, werden sie oft zur Gefahr für die Lebenden.

FEUERMÄNNCHEN

IRRLICHT * IRRWISCH

In dunklen Nächten kann man gespenstische Lichter zwischen den Bäumen sehen, die von einer Sekunde auf die nächste ihre Form oder Farbe ändern und auch blitzschnell den Ort wechseln. Mit etwas Glück erkennt man abgesehen von dem Licht einen kleinen Wicht in grauen oder grünen Kleidern.

Das Feuermännchen, auch Irrlicht genannt, ist dem Volksglauben nach der unerlöste Geist eines Verstorbenen, der sich zu Lebzeiten Grund und Boden seines Nachbarn angeeignet hat, indem er die Grenzsteine zwischen den Grundstücken versetzt hat. Zur Strafe findet er keinen Seelenfrieden, sondern ist verdammt, auf ewig an der unrechtmäßig gezogenen Grenzlinie auf und ab zu laufen. Ist man dem Feuermännchen nahe genug, so kann man es murmeln hören: »Hier ist Recht, hier Unrecht«, wenn es an den Grenzsteinen vorbeikommt. Folgt ein Mensch dem Feuermännchen und setzt die »unrechten« Grenzsteine an ihre ursprüngliche Stelle zurück, so findet der Geist des Verstorbenen endlich Frieden.

Das Feuermännchen verwirrt die Menschen manchmal aus purer Boshaftigkeit, damit sie vom Weg abkommen. Im schlimmsten Fall lockt es sie mit seinem Licht in Moore oder Sümpfe, wo sie ertrinken. Aber wenn ein Verirrter freundlich zu dem Feuermännchen ist, hilft es ihm auch schon mal, wieder nach Hause zu finden. Bietet das Irrlicht einem seine Hilfe an, ist es geboten, höflich zu ihm zu sein und ihm in jedem Fall eine Belohnung für seine Mühe zu geben. Denn bekommt es diese nicht, kann es sehr zornig werden: Es kann den Undank mit einer ordentlichen Backpfeife vergelten oder dem Betreffenden so den Sinn verwirren, dass er nie mehr nach Hause findet, selbst wenn er nur einen Meter vor seiner Tür steht. Krempelt man allerdings ein Kleidungsstück von innen nach außen, ist der Bann gebrochen.

DRAUG

TAGGEBANNTER * UNTOTER * GHAST

Viele unerlöste Geister, Spukgestalten und Wiedergänger suchen eigentlich nur ihren Seelenfrieden. Das Verbrechen, das zu ihrem Tod geführt hat, soll aufgeklärt oder ihre zu Lebzeiten begangenen Sünden vergeben werden. Der Draug hingegen ist der Geist eines verstorbenen bösen Menschen, der – erfüllt vom Hass gegen alles Lebende – auch nach seinem Tod weiter Angst und Schrecken verbreitet.

Meist hält sich der Draug im Verborgenen auf. Aber wenn er sich zeigt, kann man sehen, dass er jeden menschlichen Zug verloren und sich in ein Geschöpf verwandelt hat, das noch unendlich viel grausiger ist als der Sünder, der er zu Lebzeiten war. Drauge sind große, monströse Wesen, oft mit Krallen und scharfen Zähnen und so schwarz, als wären sie direkt dem Höllenfeuer entstiegen. In manchen Darstellungen sind sie hoch wie Tannen.

Wer nachts einem Draug begegnet, wird von einer schlimmen Krankheit befallen und sozusagen vom Draug erdrückt. Denn das unsichtbare Schreckenswesen saugt einem alle Lebenskraft aus. Es kommt auch vor, dass es Menschen auffrisst, aber meistens nur solche, die direkt oder indirekt an seinem Tod beteiligt waren.

Der Draug wohnt oft in einem Baum oder einem Steinhügel in der Nähe des Platzes, wo er zu Tode gekommen ist. Kehrt er nicht rechtzeitig vor Sonnenaufgang in seine Behausung zurück, erstarrt er an der Stelle, wo er sich gerade befindet, unsichtbar fürs menschliche Auge. Dort muss er bis zum Sonnenuntergang verharren. Stößt man mit so einem unsichtbaren taggebannten Wesen zusammen, kann dies furchtbare Konsequenzen haben.

Wer früher zu nächtlicher Stunde mit Pferd und Wagen unterwegs war, hat irgendwann möglicherweise festgestellt, dass das Gespann so schwerfällig wurde, dass das Pferd es kaum noch ziehen konnte. Menschen mit einem sechsten Sinn sahen den schweren Draug auf der Ladefläche sitzen oder wie er sich an den Wagenrädern zu schaffen machte.

WIEDERGÄNGER

GESPENST * GEIST * STRANDWÄSCHER * UNTOTER
SEELENWESEN * PHANTOM

Viele Menschen sehen im Tod eine Erlösung, während es anderen furchtbar schwerfällt, loszulassen. Letztere finden dann nach ihrem Tod einfach keine Ruhe in ihrem Grab. Diese unerlösten Seelen bleiben in dem Grenzbereich zwischen unserer Welt und dem Totenreich hängen. Sie haben das Bedürfnis, noch etwas zu erledigen oder ihre Hinterbliebenen vor etwas zu warnen. Einige wünschen sich auch, dass ihnen die Sünden verziehen werden, die sie zu Lebzeiten begangen haben. Wer eines gewaltsamen Todes gestorben ist, will sich vielleicht an seinem Mörder rächen. Manchmal aber ist auch die Trauer der Hinterbliebenen so groß, dass sie den Verstorbenen zurückhalten. Zum Beispiel gibt es Eltern, die so heftig um ein verstorbenes Kind trauern, dass dieses keinen Seelenfrieden finden kann.

Wiedergänger sehen mehr oder weniger aus wie die Verstorbenen zu Lebzeiten, möglicherweise etwas diffuser und unkörperlicher. Aber sie können auch die Gestalt eines Tieres annehmen – häufig einer Katze oder eines Vogels. Die gruseligsten Wiedergänger weisen den Verwesungszustand auf, in dem ihr Leichnam sich gerade befindet: Sie sind von Würmern zerfressene, hohläugige Skelette mit zerfetzten Kleidern, die moderigen Grabgestank verströmen.

Die Anwesenheit eines Wiedergängers macht sich durch unheimliche Geräusche bemerkbar, durch unerklärliche Windböen, plötzlichen Temperaturabfall oder blau flackernde Kerzen oder Kaminfeuer.

Wiedergänger suchen oft Plätze heim, die eine besondere Bedeutung für sie haben. Das kann der Ort sein, an dem sie gestorben sind, ihre ehemalige Wohnstätte, die Stelle, wo sie die Tat begangen haben, die ihren Seelenfrieden verhindert, oder das Versteck eines Schatzes. Kirchen, Friedhöfe, Galgenhügel und Steinhügelgräber sind oft Schauplätze für Spuk.

Selbstmörder, Verbrecher oder Menschen, die Magie und Zauber angewendet haben, wurden früher nicht auf Friedhöfen beigesetzt, sondern in ungeweihter Erde verscharrt oder im Sumpf oder Moor versenkt, was zur Folge hat, dass es auch dort häufig spukt.

Geister von Verstorbenen treten eher allein und nur in speziellen Fällen in Gruppen auf. Zusammenkünfte von Wiedergängern kann man am ehesten in Kirchen oder auf Friedhöfen beobachten. Es gibt viele Geschichten über die Christmette der Toten, zu der die Verstorbenen in der Weihnachtsnacht aus ihren Gräbern kommen, um den Gottesdienst zu feiern. Darum war es früher auch Brauch, am nächsten Morgen die Kirchenbank abzuwischen, ehe man sich setzte, schließlich wollte man sich die Kleider nicht mit Graberde beschmutzen. Die Geschichten handeln oft von Menschen, die zu früh zur Christmette gegangen sind und erst viel zu spät gemerkt haben, dass alle anderen Kirchenbesucher Tote sind. Da die Wiedergänger die Eindringlinge nicht unter sich dulden wollten, konnten die Frühaufsteher froh sein, wenn sie mit dem Leben davonkamen.

Eine spezielle Form von Wiedergängern sind die sogenannten Strandwäscher, die Seelen ertrunkener Seeleute. Ihre an Land gespülten Leichen wurden früher häufig unter einfachen Steinhaufen am Strand begraben. Der Ertrunkene fand jedoch erst seinen Frieden, wenn er in geweihter Erde begraben wurde. Darum sprang der Strandwäscher nächtlichen Wanderern auf den Rücken und ließ erst wieder von ihnen ab, wenn sie ihn auf einen richtigen Friedhof gebracht hatten.

*Eine spezielle Form von Wiedergängern
sind die sogenannten Strandwäscher,
die Seelen ertrunkener Seeleute.*

MYLING

MORDLING * AUSGEBURT

Von allen Totenwesen, die die Menschen heimsuchen, ist der Myling sicherlich das tragischste. Ein Myling ist ein ungetauftes Neugeborenes, das von seiner Mutter ermordet und an einem geheimen Platz begraben wurde. Es kann erst Frieden finden, wenn das Verbrechen aufgeklärt ist.

Mylinge schreien und schluchzen an dem Platz, wo sie begraben wurden. Sie treten stets allein auf, es sei denn, mehrere Geschwister wurden gleichzeitig umgebracht.

Der Myling zeigt sich meist als Kind in dem Alter, in dem es wäre, wenn es noch leben würde. Manchmal erscheint es aber auch in Gestalt eines riesigen Untoten oder als gespenstischer Vogel mit Menschenkopf.

Früher waren unverheiratete Frauen, die ein uneheliches Kind bekamen, sozial geächtet. Darum töteten manche Mägde ihre Neugeborenen, ehe sie entdeckt wurden, und begruben sie in aller Heimlichkeit im Wald oder unter den Bodendielen des Hauses, in dem sie arbeiteten. Einige Mägde brachten es allerdings nicht übers Herz, ihr Kind zu töten, und setzten es im Wald bei den Wölfen aus. Im 17. und 18. Jahrhundert wurden viele Frauen wegen Kindsmordes zum Tode verurteilt. Man kann sich kaum vorstellen, dass eine Frau eine Schwangerschaft bis zum Schluss geheim halten kann, aber die Kleider waren damals weit und verbargen die Körperformen, sodass eine Schwangerschaft oft tatsächlich nicht entdeckt wurde.

Einige Mütter legten ihrem toten Kind eine Schere auf die Brust, damit es nicht als Myling zurückkehrte. Was den Myling aber nicht daran hinderte, in seinem Grab unter den Dielenbrettern zu rufen und zu schluchzen, bis das Verbrechen der Mutter irgendwann entdeckt wurde.

Es gab nur eine einzige Möglichkeit, einem Myling seinen Seelenfrieden zu ermöglichen, ohne die Kindsmörderin zu strafen: Man musste ihm einen Namen geben und seine sterblichen Überreste in geweihter Erde begraben. Einsame Nachtwanderer hörten hier und da Rufe aus Steinhaufen oder wurden von einem geisterhaften Kind angehalten, das sie aufforderte, ihm einen Namen zu geben. Der mitfühlende Wanderer sagte dann: »Du kannst meinen Namen haben«, damit das Kind seinen Seelenfrieden fand und verschwand.

Viele Geschichten handeln davon, wie Mylinge den Lebenden Streiche spielen: Sie können sich in Tiere verwandeln und locken die Menschen, sie zu fangen. Ehe sie mit klingendem Kinderlachen im Wald verschwinden, drehen sie ihren Verfolgern noch eine lange Nase.

Es gibt auch Geschichten von Mylingen, die sich bei der späteren Hochzeit der Mutter in Erinnerung rufen.

Als das Fest in vollem Gang war und alle tanzten, ertönte eine Stimme unter den Bodenbrettern.
»Die Kiste ist so eng, die Knochen so lang, lasst mich mittanzen.«
Darauf kletterte ein schlaksiger, magerer Junge aus dem Nichts hervor, packte sich die Braut und tanzte mit ihr, bis sie tot umfiel. Danach verschwand er.

Die Frau hatte als junges Mädchen heimlich ein Kind zur Welt gebracht, es getötet und in einer Kiste unter dem Tanzplatz begraben.

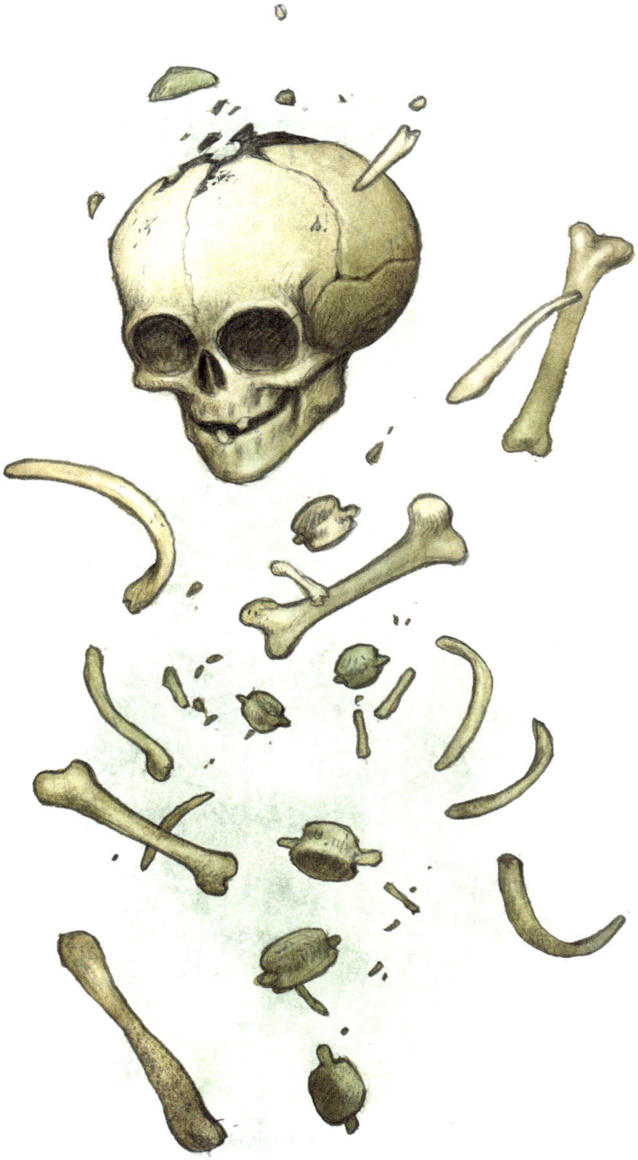

NACHTRABE

NACHTVOGEL

Nachts kann man schwarze, rabenähnliche Geschöpfe dicht über den Boden rauschen sehen, begleitet von schrillen Schreien oder dem Quietschen ungeschmierter Wagenräder, die einem das Blut in den Adern gefrieren lassen. Der Nachtrabe ist der unerlöste Geist eines Sünders oder ungetauften Kindes, der dazu verdammt ist, sein jenseitiges Leben in Vogelgestalt zu verbringen. Es heißt, dass er auf der Suche nach dem Heiligen Grab in geweihter Erde ist und erst Frieden findet, wenn er es erreicht hat. Doch der Weg ist weit, und der Nachtrabe kann nur bis zum Sonnenaufgang fliegen. Tagsüber sucht er Schutz unter der Erde, um seine Suche wieder aufzunehmen, sobald es dunkel wird.

Gerät man in die Fluglinie des Nachtraben, so schwebt man in großer Gefahr, denn er ist ein grausames und aggressives Wesen, das seine Verbitterung über sein Schicksal gerne an den Lebenden auslässt. Schon viele Menschen wurden schwer von seinen messerscharfen Krallen und dem hackenden Schnabel verletzt. Man kann dem Geistervogel nur entkommen, indem man sich flach auf die Erde wirft und dort bis Sonnenaufgang liegen bleibt, bis er sich verzieht.

Wenn der Schutzgeist der Kirchen, der Kirchen-Grim, genug von den sündigen Elementen auf dem von ihm bewachten Friedhof hat, verjagt er alle verlorenen Seelen aus den ungeweihten Gräbern. Die Verjagten nehmen dann die Gestalt von Nachtraben an und sammeln sich in großen Schwärmen, was sie zu einer besonders großen Bedrohung für unschuldige Nachtwanderer macht.

UNGEHEUER

Ungeheuer sind Wesen mit mehr tierischen als menschlichen Zügen. Sie können unfassbar groß und unfassbar gefährlich werden. Ihre Furchtlosigkeit macht sie zu ausgezeichneten Wächtern von Schätzen oder Plätzen.

RIESENKRAKE

RIESENKRABBE * SKYKRAKE * HAFGUFA

Der Riesenkrake ist ein grauenerregendes Meeresungeheuer, das in den Tiefen der Nordsee lauert. Isländische und norwegische Fischer beschreiben ihn als gigantisches Monster mit unzähligen Flossen und Fangarmen. Das urzeitliche Ungeheuer schlummert in der ewigen Finsternis auf dem Meeresgrund, um hin und wieder zu erwachen und aus dem Abgrund emporzusteigen. Der Krake ist so groß, dass er beim Lauern an der Wasseroberfläche leicht mit einer Insel verwechselt werden kann. Manch unvorsichtiger Seefahrer hat schon an so an einer vermeintlichen Insel angelegt und den Irrtum erst bemerkt, als er mit seinem Lagerfeuer die Aufmerksamkeit des Kraken auf sich gezogen hatte.

Norwegische Lotsen erzählten dem schwedischen Schriftsteller Jacob Wallenberg von dem Riesenkraken. Dieser beschrieb ihn 1781 in seinem Buch *Das Muttersöhnchen auf der Galeere* als »Krake oder sogenannte Riesenkrabbe, nicht allzu groß, Kopf und Hinterteil einberechnet jedenfalls nicht größer als die vor Kalmar liegende Insel Öland«.

Ein hundertdreißig Kilometer langes Ungetüm kann einem schon recht üppig bemessen vorkommen, aber diese Beschreibung spiegelt sehr gut wider, welche gigantischen Proportionen die Bestie in manchen Fischergeschichten angenommen hat. Derlei Angaben, auch die von Wallenberg, sollten natürlich mit Vorsicht genossen werden.

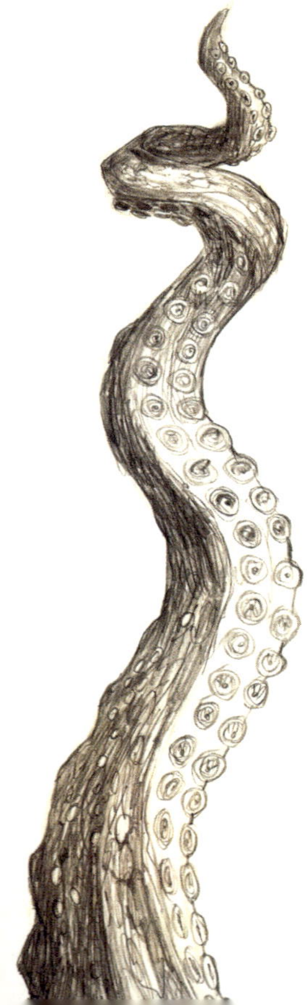

Ein Riesenkrake ist stets von großen Fischschwärmen umgeben, die sich von seinen Exkrementen ernähren. Furchtlose Fischer können darum in der Nähe des Kraken reichen Fang machen, was aber immer mit Lebensgefahr verbunden ist. Wenn ein Riesenkrake an die Oberfläche steigt, müssen die Fischer schnell das Weite suchen, sofern sie nicht in dem Wirbel des Mahlstroms mitgerissen werden wollen, wenn der Krake wieder abtaucht. Das Ungeheuer hat eine Vorliebe für Menschenfleisch und zieht nicht selten Schiffe, ja ganze Fischereiflotten mit seinen Fangarmen in die Tiefe.

GROLLBORSTE

GLOSO * THOR-SAU * DONNER-SAU

Die Grollborste ist ein aggressives Ungeheuer in Gestalt eines riesigen Schweins: das Maul voller riesiger Hauer, Augen wie glühende Kohleklumpen und Funken schlagende Hufe. Sie – denn es handelt sich immer um eine Sau – läuft mit gekrümmtem Rücken und gesenktem Kopf herum, allzeit bereit zum Angriff. Wenn sie grunzt, erbebt die Erde. Ihre Rückenborsten sind rasierklingenscharf und erinnern stark an ein zackiges Sägeblatt.

Die Grollborste griff früher mit Vorliebe sogenannte *Jahreswandler* an. Dabei handelte es sich um Wanderer, die ein bestimmtes Ritual ausführten, um Auskünfte über das bevorstehende Jahr zu sammeln: Sie mussten alleine und schweigend durch die Weihnachtsnacht wandern und durften unterwegs mit niemandem Kontakt aufnehmen oder reden. Dabei wurden die Jahreswandler ständig von allen möglichen Wesen bedrängt, die sie daran hindern wollten, darunter auch die Grollborste. Sie rannte zwischen den Beinen des Wandlers hindurch und versuchte, ihn mit ihren Borsten aufzuschlitzen.

Aber nicht immer ist die Grollborste in so mörderischer Absicht unterwegs. Manchmal begnügt sie sich damit, nachts durchs Land zu streifen und Wanderer oder Reisende, die zu so später Stunde unterwegs sind, zu erschrecken. Wer ihr nicht rechtzeitig ausweichen kann, der sitzt, ehe er sich's versieht, auf ihrem borstigen Rücken. Nach einem wilden Albtraumritt schleudert sie das durchgewalkte und benommene Opfer dann brüsk in einen Graben.

Ihre Behausung wird auf Friedhöfen und unter Steinhügeln auf Äckern vermutet. In manchen Landstrichen opferte man der Grollborste früher bei der Ernte drei reife Kornähren und sagte: »Was die Grollborste nicht auf dem Acker bekommt, holt sie sich stattdessen aus der Scheune.«

DRACHE

Der norwegische König Harald erlegt einen Drachen mit einem Messer.
Illustration aus Olaus Magnus' »Geschichte der nordischen Völker«

Von allen bedrohlichen Wesen, die im Verborgenen leben, ist der Drache vermutlich das gefährlichste und berüchtigste. Drachen haben Reptilienkörper, große ledrige Flügel sowie messerscharfe Krallen und Zähnen. Dazu kann noch ihr bösartiger, scharfer Intellekt genannt werden, ihr gieriger Appetit und die Fähigkeit, Feuer zu speien – fertig ist das furchterregende Ungeheuer.

Drachen kommen in unendlich vielfältiger Gestalt auf der ganzen Welt vor und finden sich in so gut wie allen Legenden, Sagen und Mythen unterschiedlicher Kulturen. In Erzählungen der Babylonier gibt es den weiblichen Chaosdrachen Tiamat, den der Gott Marduk tötet, um aus den sterblichen Überresten das Universum zu erschaffen. Die Azteken erzählen vom gefiederten Schlangengott Quetzalcoatl, Wächter über die Grenze zwischen Himmel und Erde. In der Bibel ist von der Schlange im Paradies und dem gigantischen, Feuer speienden Leviathan die Rede.

In der nordischen Mythologie nagt der Todesdrache Nidhögg an den Wurzeln der Weltenesche Yggdrasil. Zwischen ihm und dem gigantischen Adler in der Krone des Weltenbaumes wieselt das Eichhörnchen Ratatöskl hin und her und überbringt Botschaften. Die Isländersagas berichten von Sigurd, der gegen den furchterregenden Fafnir gekämpft hat.

Asiatische Drachen hingegen sind gutmütige Glücksbringer, was aber eine absolute Ausnahme auf der Welt darstellt. Normalerweise sind Drachen bösartige Monster, die Angst, Schrecken und Zerstörung um sich herum verbreiten.

Das Wort *Drache* leitet sich aus dem Griechischen *drakon* und Lateinischen *dracon* ab, was *Schlange* oder *der starr Blickende* bedeutet. Viele Drachen haben tatsächlich einen hypnotisierenden Blick, mit dem sie ihre Opfer lähmen. Darüber hinaus verfügen sie über die bemerkenswertesten anderen Fähigkeiten, zum Beispiel können sie Gedanken lesen, ihre Gestalt wechseln und den Menschen die Sinne verwirren. Einige Quellen berichten, diese Eigenschaften seien in einem magischen Edelstein konzentriert, *Drakonit* genannt, der im Kopf des Drachen steckt. Der Drakonit war ein heiß begehrtes Objekt der mittelalterlichen Alchemisten, da er als unentbehrliche Zutat des Lebenselixiers galt – ein Heilmittel gegen alle Krankheiten der Welt, das ewiges Leben versprach.

Der Ursprung der Drachen liegt im Dunkeln. Einige Quellen sagen, Drachen wären ehemals böse und habgierige Männer, die sich am Ende ihres Lebens weigerten, sich von ihrem Reichtum zu trennen. Statt ihren Angehörigen ihr Vermögen zu vermachen, vergruben sie es lieber heimlich. Nach dem Tod konnten die Seelen dieser Männer keinen Frieden finden und verwandelten sich in Drachen, um auch weiterhin über ihr geliebtes Gold wachen zu können. Frauen, die sich zu Lebzeiten der Habgier schuldig gemacht hatten, verwandelten sich ihrerseits in furchterregende Hühner.

Wenn der Drache nicht in der Weltgeschichte unterwegs ist und Schrecken verbreitet, hockt er in einer Höhle unter einem Grabhügel oder in einem alten Königsgrab auf seinem Schatz. Es heißt, der Schatz versinke mitsamt Drachen in jedem Jahr, das vergeht, tiefer in der Erde, um irgendwann ganz und gar in ihrem Innern zu verschwinden.

Viele Drachen tragen auch neue Reichtümer zusammen, etwa aus Schiffswracks, und können mehrere Drachenhorte oder Drachengrabhügel haben. Zwischendurch holen die Drachen ihre Schätze ans Tageslicht, um sie zu lüften und von der Sonne bescheinen zu lassen. Über dem Gold liegt meist ein Fluch, sodass es wie gelbe Blätter oder morsche Zweige aussieht. Nimmt man die Blätter mit nach

Wenn es dunkel wird, besonders in klaren Herbstnächten, kann man Drachen auf dem Weg zwischen ihren Drachenhorten über die Baumwipfel fliegen sehen, einen feurigen Funkenschweif hinter sich herziehend.

Hause, verwandeln sie sich irgendwann wieder in ihre ursprüngliche Form. Nur Kinder, die an einem Donnerstag oder Sonntag geboren wurden, können die wahre Beschaffenheit der Schätze erkennen.

Nachts erkennt man bei guter Sicht und günstigen Voraussetzungen über manchen Erderhebungen, in denen ein Drachenschatz versteckt ist, einen bläulichen Feuerschein. Das verleitet furchtlose Menschen immer mal wieder dazu, so einen Schatz an sich zu bringen.

Bei der Bergung ist aber größte Vorsicht und noch größerer Mut geboten, da sich ein Drache mit Sicherheit nie weit von seinem Schatz entfernt und Diebe gnadenlos angreift. Wenn man Glück hat, nimmt er allerdings nur unheimliche oder komische Gestalten an, um Diebe zu verjagen, zum Beispiel die eines hinkenden, vor einen kleinen Karren gespannten Huhns. Auf diese Weise will er den Dieb zum Lachen verführen.

Man muss nämlich wissen, dass ein Drachenschatz nur unter absolutem Schweigen gehoben werden kann. Ein einziges Wort oder kurzes Lachen reicht, und schon verschwindet die Bestie mitsamt Schatz im Innern der Erde.

Wirft man jedoch ein Stahlmesser über den Schatz, ist die Macht der Bestie gebrochen, und sie kann nichts mehr gegen einen ausrichten.

Wenn es dunkel wird, besonders in klaren Herbstnächten, kann man Drachen auf dem Weg zwischen ihren Drachenhorten über die Baumwipfel fliegen sehen, einen feurigen Funkenschweif hinter sich herziehend.

KIRCHEN-GRIM

FRIEDHOFSWÄCHTER

Die meisten Wesen machen einen großen Bogen um alles, was mit christlichen Gebräuchen zu tun hat, und meiden Kirchen wie die Pest. Das Läuten von Kirchenglocken dröhnt entsetzlich in ihren Ohren, Bibeln und das darin geschriebene Wort machen ihnen Angst, und Weihwasser ist für sie das reinste Gift. Aber der Kirchen-Grim ist in dieser Hinsicht eine Ausnahme.

Er ist eine Art Schutzgeist, der über eine Kirche und den zugehörigen Friedhof wacht – sowohl über die Menschen, die sich dort aufhalten, als auch über die Geister, die sich zwischen den Gräbern herumtreiben. Der Kirchen-Grim schmeißt jeden Störenfried aus dem Gottesdienst und kneift im Chorraum spielende Kinder. Nachts verscheucht er Grabplünderer und Diebe, die es auf die Kirchenschätze abgesehen haben, und wehrt unwillkommene Geister und Wesen ab.

In früheren Zeiten wurde der Kirchen-Grim in einem Opferritual erschaffen, indem beim Bau einer Kirche ein lebendiges Tier eingemauert wurde. Dem Tier fiel dann später die Rolle des Wächters zu, was ansonsten das Schicksal des ersten Menschen gewesen wäre, der auf dem Friedhof begraben wurde.

Der Kirchen-Grim nimmt die Gestalt des eingemauerten Tieres an – oft die eines Hundes, einer Katze, eines Ochsens oder eines Hahns –, allerdings in einer furchterregenden, monströsen Version.

WOHL DEM,
DER SICH DES
SCHWACHEN
ANNIMMT!
PSALM 41, 2

SEEUNGEHEUER

SEESCHLANGE

Seeschlange greift Schiff an. Illustration aus Olaus Magnus' »Geschichte der nordischen Völker«

In den Tiefen der dunklen Meere sind wundersame Wesen verborgen. Zu den bekanntesten und gefürchtetsten zählt die Seeschlange. Schon die Wikinger berichteten von der riesenhaften, die Welt umschlingenden *Midgardschlange*, die sich in den eigenen Schwanz beißt. Andere Quellen schildern monströse Seeungeheuer, die einen Fjord oder eine Bucht mit ihrem Körper blockieren können.

Seeungeheuer leben in Höhlen und Felsspalten entlang der Küste. Dort liegen sie und harren auf vorbeischwimmende Fischschwärme, nur sehr selten kommen sie an die Oberfläche. Norwegische Seeleute erzählen von Schlangen, die im Sommer an die Fjordmündungen schwimmen. Sie locken die Fischer heraus und verschlingen sie, wenn sie aufs offene Meer fahren. Die Seeungeheuer erheben sich senkrecht aus dem Wasser und lassen sich mit solcher Wucht auf die Schiffe fallen, dass sie kentern. Danach bedienen sie sich an der hilflosen Besatzung.

Die berüchtigte Seeschlange von Gullmarn hat ihren Kopf an Land geschoben und dann mit ihrem hypnotisierenden Blick Vieh und Menschen direkt in ihren aufgesperrten Schlund gelockt.

In Schweden ist das Untier des Storsjön eine kleine Berühmtheit. Der Legende nach wurde es vor langer Zeit erschaffen, als zwei Trolle am Ufer des Sees eine falsche Rezeptur für einen Zaubertrank verwendet und daraufhin ein abstoßendes Monster mit schwarzem Schlangenkörper und katzenähnlichem Schädel zusammengebraut haben. Das Ungeheuer sprang aus dem Kessel und verschwand im See, wo es sich offensichtlich wohlgefühlt hat, weil es gigantische Ausmaße annahm. Seitdem zeigt es sich immer mal wieder und versetzt Mensch und Tier in Angst und Schrecken.

Finanziert vom schwedischen König Oscar II. wurde Ende des 19. Jahrhunderts eine spezielle Behörde gegründet, die den Auftrag erhielt, die Seeschlange einzufangen. Man setzte eine spezialangefertigte, mit einem Ferkel als Köder bestückte Fangschere ein, aber ohne Erfolg. 1986 wurde das Storsjön-Untier von der Provinzialregierung Jämtland unter Artenschutz gestellt.

1986 wurde das Storsjön-Untier von der Provinzialregierung Jämtland unter Artenschutz gestellt.

LINDWURM

TATZELWURM * MÄHNENSCHLANGE * BASILISK

König Frode ersticht einen Lindwurm. Illustration aus Olaus Magnus' »Geschichte der nordischen Völker«

Der Lindwurm ist ein riesiges, furchterregendes Untier. Er ist eng verwandt mit dem Drachen und der König der Schlangen – doch ist er unendlich viel größer als die Schlangen, die man hin und wieder auf sonnenbeschienenen Felsen sehen kann. Man erkennt ihn an der weißen, an eine Krone erinnernden Mähne, die ihm direkt hinter dem Schädel wächst. Darum wird er auch Mähnenschlange genannt. Aller Verwandtschaft mit dem Drachen zum Trotz hat er aber keine Flügel und kann kein Feuer speien. Dafür ist er größer und kräftiger als der Drache und mit mehr Respekt einflößenden Reißzähnen ausgestattet. Und er verspritzt mit tödlicher Präzision sein ätzendes Gift.

Der Lindwurm ist ein mächtiges Wesen, und wer sein Fleisch isst, erhält magische Kräfte. So verleiht Lindwurm-Suppe etwa die Gabe, in die Zukunft zu schauen, Menschen zu heilen oder die Sprache der Vögel und Tiere zu verstehen. Dieselben Fähigkeiten werden einem zuteil, wenn man das Schlangentier gefangen hält. Nicht nur das Fleisch, sondern auch die Haut des Lindwurms hat magische Kraft, und er häutet sich regelmäßig.

Der Lindwurm lebt oft unter alten Eichen, was man daran erkennt, dass die Eichen auch im Winter ihre grünen Blätter behalten. In der Höhle unter den Wurzeln sammelt er seine Schätze. Manche Exemplare haben ihre Behausung hingegen unter Kirchen und ernähren sich von den Leichen in der Grabkapelle. Eine Möglichkeit, einen Lindwurm zu besiegen, ist, drei große Feuer zu entzünden und das Schlangenwesen dazu zu bringen, durch alle drei hindurchzukriechen. Wenn es einem gelingt, den Lindwurm im dritten Feuer festzuhalten, verbrennt er zu Asche. Es ist allerdings Vorsicht geboten, da schon so manch ein Lindwurm in den letzten Todeszuckungen seinen Mörder mit ins Feuer gerissen hat.

NACHWORT

An dieser Stelle möchte ich die Gelegenheit nutzen, einigen Personen zu danken, die mir während meiner Arbeit eine unentbehrliche, große Hilfe oder eine moralische Stütze waren.

Allen voran meiner Lektorin und Freundin Maja Lindqvist, mit der gemeinsam ich die Idee zu diesem Buch ausgebrütet habe und die zwei Jahre lang mit Händen und Füßen dafür gekämpft hat, unser Projekt in den sicheren Hafen zu segeln. Ohne dich wäre aus diesem Projekt buchstäblich nichts geworden, Maja. Ein krakengroßer Dank dafür, und eine Bärenumarmung.

Dann will ich natürlich den Mitarbeitern meines schwedischen Verlages danken, die sich für mein Buch engagiert haben. Ich habe bei meinen Publikationen selten zuvor eine derart von Herzen kommende Unterstützung erfahren wie von Marta, Cecilia, Sofie, Tina, Henny und all den anderen. Danke auch an Maria Bäckman und Mattias Frihammar, die den Text sachkundig gegengelesen haben.

Insbesondere möchte ich Stefan Ljungqvist, Johan Sjöberg und Kalle Sörensson hervorheben – allesamt gute Freunde von mir: Danke für eure Lektüre und Kommentare. Und natürlich geht ein besonderer Dank an meine Familie, meine leidgeprüften Freunde, Freundinnen und Kollegen, die mich in dieser Zeit unterstützt und ertragen haben – und nicht zuletzt an die Stockholmer Stadtbibliothek, in der ich einen Großteil des Hintergrundwissens zu diesem Buch zusammengetragen habe.

Des Weiteren danke ich allen Bäuerinnen und Bauern, Knechten, Landstreichern, Mägden, Kätnerinnen und Kätnern, Tagelöhnern, Soldaten, Landjägern, alten Greisen und weisen Frauen aus vergangenen Zeiten, die all diese fantastischen Sagen weitergetragen haben. Und natürlich den engagierten Seelen, die sie gesammelt haben.

Damit sich niemand übergangen fühlt, spreche ich meinen respektvollsten und freundlichsten Dank sicherheitshalber auch allen nordischen Wesen aus.

Johan Egerkrans
Stockholm, den 3. Juli 2013

LITERATURLISTE

A Dictionary of Fabulous Beasts, Richard Barber & Anne Riches

Barnet i folktron – tillblivelse, födelse och fostran, Carl-Herman Tillhagen

Den svenska tomten, Ulla Ehrensvärd

Det ropades i skymningen – vidskepelse och trolldomstro på Gotland, Bodil Nildin-Wall & Jan-Inge Wall

Die Ratte in der Pizza und andere moderne Sagen und Großstadtmythen, Bengt af Klintberg

Draken – fabeldjurens konung, Åke Dahlström

Erotiska väsen, Ebbe Schön

Faeries, Brian Froud & Alan Lee

Folktro från förr, Ebbe Schön

Folktrons ABC, Ebbe Schön

Fåglarna i folktron, Carl-Herman Tillhagen

Fältguide till oknytt, Richard Svensson

Gastrikt land – spökhistorier från Gävle, Gästrikland och norra Uppland, Ulf Ivar Nilsson

Göingesägner, Per Gustavsson

Skepnader i skymningen – möten med folktrons väsen, Ebbe Schön

Svenska folksägner, Bengt af Klintberg

Svensk folktro A till Ö – hur vi tänkt, trott och trollat, Ebbe Schön

The Element Encyclopedia of Magical Creatures: The Ultimate A–Z of Fantastic Beings from Myth and Magic, John & Caitlin Matthews

The Encyclopedia of Vampires, Werewolves, and Other Monsters, Rosemary Ellen Guiley

The Illustrated Encyclopaedia of Fairies, Anna Franklin

The Vanishing People – a Study of Traditional Fairy Beliefs, Katharine Mary Briggs

Troll och människa – gammal svensk folktro, Ebbe Schön

Trolls, Brian & Wendy Froud

Träden och människan, Allan Gunnarsson

Vattnens folklore – sägen och folktro kring bäckar, älvar, sjöar och hav, Carl-Herman Tillhagen

Vittra vid Manjaur – berättelser ur folklig övertro i Västerbotten, Hilding Eklund

Wärend och wirdarne – ett försök i svensk ethnologi, Gunnar Olof Hyltén-Cavallius

Älvor, troll och talande träd – folktro om svensk natur, Ebbe Schön

Die meisten Vätter sind im Großen und Ganzen freundlich, aber einige wenige können sehr gemein, garstig und diebisch sein. Diese Exemplare werden auch »Teufelsvätter« genannt.

Der Autor und Illustrator

Johan Egerkrans zählt zu den bedeutendsten Illustratoren Schwedens. Er illustriert sowohl seine eigenen Bücher als auch die von anderen Autorinnen und Autoren. *Nordische Wesen* war sein Debüt als Autor und zugleich sein großer Durchbruch. Darauf folgten *Nordische Götter, Die Untoten* und *Drachen*. Alle vier Bände gelten in seinem Heimatland bereits jetzt als moderne Klassiker und werden von Leserinnen und Lesern auf der ganzen Welt geliebt.

Die Übersetzerin

Maike Dörries zog es schon früh in den skandinavischen Norden. Sie studierte Skandinavistik in Göttingen und erhielt während dieser Zeit erste Übersetzungsaufträge. Anschließend arbeitete sie als Lektorin und Übersetzerin für den Anrich Verlag/Beltz & Gelberg in Weinheim. Seit der Jahrtausendwende ist Maike Dörries als freie Übersetzerin aus dem Schwedischen, Norwegischen und Dänischen tätig.

Deutsche Erstausgabe
6. Auflage 2025

Die Originalausgabe erschien 2013 unter dem Titel *Nordiska Väsen*
bei B. Wahlströms Bokförlag, Norstedts Förlagsgrupp, Stockholm (Schweden)
Published by agreement with Rabén & Sjögren Agency
Aus dem Schwedischen von Maike Dörries
Lektorat: Neele Bösche
Satz: Sabine Conrad, Bad Nauheim
Druck und Bindung: Livonia Print, Riga, Lettland
Dieses Buch wurde auf FSC-zertifiziertem Papier gedruckt.
ISBN 978-3-96177-041-0
GPSR (General Product Safety Regulation)-Kontakt: W1-Verlage GmbH,
Semperstrasse 24, 22303 Hamburg, gpsr@w1-verlage.de

www.woow-books.de
www.instagram.com/woowbooks_verlag
www.egerkrans.com

Folgt uns auf Instagram unter
@woowbooks_verlag